C.H.BECK WISSEN

in der Beck'schen Reihe

Sizilien ist seit jeher Schmelztiegel unterschiedlicher Kulturen. Griechen und Römer, Araber und Normannen, Spanier und Italiener haben der Insel im Zentrum des Mittelmeers ihren Stempel aufgedrückt. Bei alledem haben sich die Sizilianer ihre Eigenart bewahrt, wie bis heute nicht nur an der Mafia, sondern vor allem auch an Literatur und Kunst erkennbar ist. Thomas Dittelbach erzählt anhand von Episoden aus dem Leben von Herrschern, Künstlern und Abenteurern anschaulich die Geschichte Siziliens von der Antike bis heute. Sein besonderes Augenmerk gilt dabei Politik und Kultur der Insel.

Thomas Dittelbach, geb. 1959, ist Mercator-Professor, wissenschaftlicher Berater des Denkmalamts von Palermo und Dozent am Institut für Kunstgeschichte der Universität Bern.

Thomas Dittelbach

GESCHICHTE SIZILIENS

Von der Antike bis heute

Verlag C. H. Beck

Mit 5 Abbildungen und 2 Karten

DEDICATO A VLADO

Originalausgabe

Satz: Fotosatz Reinhard Amann, Aichstetten
Druck und Bindung: Druckerei C. H. Beck, Nördlingen
Umschlagentwurf: Uwe Göbel, München
Umschlagabbildung: Ignazio Danti (1536–1586), Sizilien, Vatikan, Karten-Galerie, © Photo Scala
Printed in Germany
ISBN 978 3 406 58790 0

www.beck.de

Inhalt

Einleitung: Von Helden und Antihelden

Mit der Geschichte Siziliens haben sich in den vergangenen zweihundert Jahren nicht nur Historiker beschäftigt. Vielmehr waren es Puppenspieler und fahrende Sänger, die *Cantastorie*, die Geschichten aus der Geschichte dieses uralten Kulturlandes in Episoden kleideten und immer wieder erzählten. Das Marionettentheater besitzt auf Sizilien eine Tradition, die bis ins 17. Jahrhundert zurückzuverfolgen ist. Es war das Theater der Analphabeten, was noch zu Beginn des 20. Jahrhunderts gleichbedeutend war mit dem größten Teil der Bevölkerung Siziliens. Als Gegenentwurf zu den großen Opernhäusern in Palermo und Catania entstand die Opera dei Pupi. Auf Bühnen aus Sperrholz und Pappmaché wurden vor gemalten Kulissen die Geschichten von Odysseus, Karl dem Großen, dem rasenden Roland und berühmten Banditen in Episoden nacherzählt. Der fahrende Cantastorie benutzte die Plätze der alten Barockstädte als Bühne, die historischen Fassaden als Kulisse. Er brauchte nur einen Stock, mit dem er seine Sätze skandierte und den er blitzschnell in das Schwert eines seiner Helden verwandeln konnte. In dieser Form wurde Geschichte anschaulich und begreifbar. Der Puppenspieler übernahm bei wechselnder Stimmlage alle Rollen: In einem Moment konnten aus Eroberern Eroberte werden. Im Handstreich wurden aus Feinden alles Fremden eifernde Verteidiger einer Kultur, die in Sizilien seit dem Mittelalter als eine dreisprachige Kultur gerühmt wurde. Sizilien ist die mehr als 3000 Jahre alte Bühne, auf der die Sizilianer die Haupt- und Nebenrollen übernahmen und die Rolle des Publikums dazu. Keine Episode dieser Geschichte endete ohne einen Königs- oder Tyrannenmord, was in Sizilien keinen Unterschied machte, weil beide Rollen immer von demselben Protagonisten gespielt wurden, nur in unterschiedlichen Kostümen. Doch der Vorhang auf der Bühne Siziliens fällt nie. Die abschließenden Verbeugungen vor dem Publikum leiteten immer schon die nächste Episode ein. So ist es bis heute geblieben.

Die Episoden von Rache, *vendetta*, und Edelmut wiederholten sich auf den Dorfplätzen Siziliens ebenso wie im Teatro Massimo in Palermo oder im Teatro Bellini in Catania. Was bei Pietro Mascagni um 1890 in seiner Oper *Cavalleria Rusticana* – die literarische Vorlage Giovanni Vergas lokalisiert dieses Eifersuchtsdrama in das ostsizilische Bergdorf Vizzini – als Verismus gepriesen wurde, erfuhr in den Vierziger- und Fünfzigerjahren des 20. Jahrhunderts eine Wiedergeburt in den neorealistischen Filmen Luchino Viscontis (*Die Erde bebt*) und Roberto Rossellinis (*Stromboli*). Spätestens seit dem 5. Jahrhundert vor Christus wurden Geschichtsschreiber bemüht, den Stoff dieser Heldendramen akribisch festzuhalten. Was für das antike Sizilien Thukydides war, das sind heute die Medien mit drei von dem Wirtschaftsmagnaten Berlusconi kontrollierten Fernsehsendern. Erzählstoff gibt es genug. Die höchsten Einschaltquoten der letzten Jahre hatten die von den staatlichen Rundfunkanstalten produzierten Verfilmungen der populären Kriminalromane Andrea Camilleris (*Commissario Montalbano*). Sein Welterfolg liegt auch darin begründet, dass er seine Mafiageschichten in sizilianischer Volkssprache schreibt. Sizilianisch ist nämlich kein italienischer Dialekt, sondern eine seit Jahrtausenden gewachsene, man ist fast geneigt zu sagen: adamitische Ursprache. Camilleri setzt diese Sprache keineswegs als exotischen Unterhaltungsfaktor ein, sondern vielmehr als Mittel gesellschaftlicher Kritik, ja als ein Instrument außerparlamentarischer Opposition. Denn eine offizielle politische Opposition hat in Sizilien traditionellerweise nur eine kurze Lebenserwartung. Mag das für mitteleuropäische Ohren zynisch klingen, so ist es doch bittere Realität. Es scheint so, als ob sich die autonome Region Sizilien keine handlungsfähige politische Opposition leistet (wie nach der Wahl 2008), weil die Sizilianer, das heißt ihre von Urmüttern und Paten beherrschten Familienclans ebenso wie ihre von unzähligen Naturkatastrophen heimgesuchte *terra*, selbst das Korrektiv ihres Handelns sind. Das Vermächtnis der Alten war ein fest geschnürtes Paket althergebrachten Regelwerks, dem immer dann besondere Autorität beigemessen wurde, wenn es in Gefahr war, nicht eingehalten zu werden. Gleichzeitig empfahlen sich die Alten der nächsten Generation, indem sie dieses Regelwerk besonders «flexibel» handhabten. Nicht selten wurde auch alles Bestehende über Bord geworfen, wohl wissend, dass sich nichts verändern würde. Es war ein Sizilianer, der Schriftsteller Tomasi di Lampedusa, der dieses Charakteristikum Siziliens in einem Satz festhielt: «Wenn wir wollen, dass alles bleibt, wie es ist, dann ist es nötig, dass alles sich verändert.»

In Sizilien gehörten seit alters das gesellschaftliche Rollenspiel, das Klientelwesen und ein Fatalismus dem eigenen und fremden Leben gegenüber zum Alltag. Was bleibt da von der sagenhaften Kultur Siziliens? Ist sie nur ein von Cicero bis Camilleri gut gehüteter Mythos? Oder greift unser akademisch aufpolierter Kulturbegriff nicht? Die Kultur Siziliens greif- und begreifbar zu machen, kommt einer archäologischen Arbeit gleich. Denn sie besteht nicht aus einem oberflächlich abgesteckten Terrain, sondern aus vielfältigen übereinanderliegenden und untrennbar zusammenhängenden Kulturschichten. Die Kultur der Sizilianer, das heißt ihre Sprache, die Uneigentlichkeit ihrer Gestik und ihre indirekte, allusive Ausdrucksweise, ihre nobelpreisgekrönte Literatur und stilbildende Kunst, Musik und Architektur sind keine voneinander getrennten Phänomene. Vielmehr sind sie wie übereinanderliegende transparente Folien lesbar. Die enge Überlagerung von – oft widersprüchlichen – Verhaltensweisen und Ausdrucksformen stellt in ihrer Summe die eigentliche sizilianische Kultur dar. Nur so werden die Anachronismen und Archaismen, die das Leben in Sizilien heute noch bestimmen, überhaupt beschreibbar und manchmal auch fassbar

Wer Geschichte und Kultur Siziliens annähernd verstehen will, muss sie gegen den Strich lesen. Er muss versuchen, sie nicht nur aus dem Blickwinkel des Helden, sondern wechselweise auch aus der Position des Gegenparts, des Antihelden, zu lesen.

Während im übrigen Europa die Geschichte von Herrscherdynastien, Ordensgemeinschaften, Logen und Parteien geschrieben wurde, verhielt es sich in Sizilien anders. Es waren immer Einzelne, die das Schicksal der Insel bestimmten: Prokonsuln, Könige, Richter und Regionalpräsidenten. Einzelne wurden zu Helden und Antihelden zugleich, zu Haupt- und Nebendarstellern wie im Fall Giuseppe Garibaldis, dessen nationalgeschichtlich bedeutsame Geste des Handschlags mit dem Savoyerkönig Vittorio Emanuele 1860 nur der kurze Moment des Triumphs vor dem Verlust seiner Hauptrolle war. Garibaldi war nach seiner spektakulären Landung in Marsala der populärste Politiker Siziliens –, zu dem er sich selbst erklärte. Ein berühmtes Gemälde des in Bagheria bei Palermo geborenen Renato Guttuso hob diesen Mythos erst 1952 aus den Angeln. Die Episode des Handschlags zwischen dem Revolutionär und dem König fand nicht in Sizilien, sondern auf dem italienischen Festland statt. Doch sie wäre ohne die Begeisterung und die politischen Visionen der sizilianischen Jugend nicht denkbar gewesen. Deshalb wurzelt der Heldenmythos Garibaldi noch heute tief im Selbstverständnis der Sizilianer. Immer aber brauchten diese Helden einen ebenbürtigen Gegenpart, um ein Profil zu gewinnen oder um überhaupt zu existieren, zu agieren und zu verführen.

König Roger II. von Sizilien, der Normanne, baute sein junges Königtum auf einem wackeligen feudalistischen Fundament, das aus einem Treueschwur bestand. 1053 wurde dieser Schwur dem gefangen genommenen Papst Leo IX. abgerungen, ein Belehnungseid, der den normannischen Söldnerführern Sizilien als Lehen garantierte. Allerdings war die Insel schon seit 200 Jahren vergeben und von muslimischen Machthabern beherrscht. Statt sich an dem islamischen Halbmond aufzureiben, bedienten sich die Normannen des Papsttums als zutiefst gespaltener politischer Institution. Als sich Roger II. im Jahre 1130 als erster König der Normannen von dem Gegenpapst Anaklet II. krönen ließ, untermauerte er seinen absoluten Machtanspruch dadurch, dass er aus dem Lateranspalast in Rom zwei antike Porphyrsessel zu rauben versuchte. Es handelte sich dabei um zwei symbolträchtige Throne, auf denen die Päpste die Insignien ihrer weltlichen Macht erhielten. Der damalige Kontrahent Rogers war der vom deutschen König legitimierte Papst Innozenz II., der trotz seiner Kritik an Rogers Machtpolitik zeitlebens selbst damit beschäftigt war, königlichem Purpur und antikem Porphyr nachzujagen.

Anna Magnani, die schwarzhaarige Hauptdarstellerin in Dieterles Melodram *Vulcano*, stand 1949 als Anti-Diva zu Ingrid Bergmann auf der gleichnamigen Insel vor der Kamera. Noch heute bezeugt eine Marmortafel den Ort, an dem die blonde Diva während der Dreharbeiten zu Rossellinis *Stromboli* wohnte. Auf einer der archaischsten Inseln vor Sizilien wurde ein unscheinbares Haus zum Monument und Pilgerziel tausender Reisender. Wer das Publikum in Sizilien auf seiner Seite hat, braucht auch Einbußen an Popularität und Einschaltquoten nicht zu fürchten. Für Rosselinis internationale Karriere war der Film ein Desaster, Dieterles Film ist heute völlig unbekannt. Kein Held, keine Heldin, die in Sizilien nicht zu Ruhm kamen, um am Ende zu scheitern.

Posthum sind dem Applaus keine Grenzen gesetzt. Das gilt vor allem für Sizilien. Die oben geschilderten Ereignisse stellen drei Augenblicke dar, kurze retardierende Momente in der jahrtausende alten Suche Siziliens nach eigener Identität. Von diesen Momenten soll im Folgenden die Rede sein. Im Zentrum stehen Menschen, die Knotenpunkte im Netz der Geschichte Siziliens bilden, der sie für einen kurzen Moment ihre Namen geliehen haben.

I. Trinakria: Die mythischen Anfänge

Es war noch eine Welt ohne Kompass und topographische Karten. Gleichwohl gab es die homerischen Epen. Sie erzählten davon, dass die Insel Sizilien eine Irrfahrt weit weg, westlich von Griechenland lag.

Die homerischen Cantastorie wussten zu berichten, dass der Sonnengott Helios, der die Nacht westlich der Säulen des Herakles (Gibraltar) im Okeanos verbringt, tagsüber auf seinem Weg von Ost nach West mit Stolz seine auf Sizilien weidenden sieben Rinder- und sieben Schafherden betrachtet. Homer nannte die Sonneninsel «Thrinakie» (Hom. Od. 11, 107) oder auch «Sikaníe» (Od. 24, 307) nach ihren Bewohnern, den Sikanern, im Westen der Insel. Man erfuhr, dass die Insel nur einen Pfeilschuss entfernt vom Festland Italiens lag, von wo die indogermanischen Sikuler eingewandert waren, die die Sikaner, ein semitisches Volk, in den westlichen Teil der Insel abgedrängt hatten. Man wusste aus der Odyssee, dass kleinere Inseln die Küsten Siziliens säumten und gegen Süden Zwischenaufenthalte auf dem Weg nach Afrika ermöglichten, dem sagenhaften Land, in dem die Äthiopier lebten. Krates von Mallos (um 170 v. Chr.) hatte die – schon bei Platon um sich selbst drehende – Erdkugel mit zwei ringförmigen Ozeanen versehen, die sich am Äquator kreuzten und die Erde in vier Viertelkugeln aufteilten. Dabei besetzte das *Mare Mediterraneum* mit Nordafrika und Europa an den Rändern einen eigenen Sektor, die sogenannte Ökumene. Sizilien nahm in diesem Entwurf meist eine «geozentrische» Position ein, ein Phänomen, das auf italienischen Weltkarten des 14. Jahrhunderts wiederkehrt.

Auf sizilianischen Prunkgefäßen wurde seit dem 7. Jahrhundert v. Chr. ein mythisches Wesen mit einem Kopf und drei Beinen abgebildet, das die Insel Sizilien symbolisierte. Ein solcher Verweis auf die frühgeschichtlichen Anfänge adelte den Besitzer des Gefäßes als Hüter der Tradition. Noch heute ziert das Symbol die Flagge der Region Sizilien.

Das Emblem der Insel ist das Medusenhaupt, der Kopf der schönen Zauberin Gorgo Medusa, der von Schlangen belebt war, die sie anstelle ihrer vielbewunderten Haare zur Strafe für einen Gottesfrevel von der Göttin Athene erhalten hatte. Im Anschluss an Homer berichtete der römische Dichter Ovid (43 v. Chr.–17/18 n. Chr.) in seinen «Metamorphosen» über den vom Göttervater Zeus gezeugten Held Perseus, der den tückischen Auftrag erhielt, das Haupt der Zauberin zu holen. Die Crux bestand darin, dass der unmittelbare Anblick der schrecklichschönen Medusa den Betrachter binnen Sekunden versteinern konnte.

Das Medusenhaupt wurde der Athene geweiht und an ihrem sagenhaften Ziegenfellschild befestigt. Seitdem wurde der apotropäische Zauber der Gorgo Medusa auf die Tempel übertragen, die der Göttin Athene geweiht waren. Im Archäologischen Museum in Palermo befindet sich eine Kalksteinplatte (Metope), die Teil eines Gebälkfrieses des Tempels E auf der Akropolis von Selinunt an der Südwestküste Siziliens war. Die auf der Metope dargestellte Figur kann durch eine kreisrunde Aussparung auf ihrer Rüstung als griechische Göttin Athene identifiziert werden. Einst trug die Kalksteinplatte an dieser Stelle ein vergoldetes Bronzemedaillon mit dem schlangenbewehrten Haupt der Zauberin. Ein überdimensionaler polychromer Terrakottagiebel mit einem riesigen Medusenhaupt zierte auch die Eingangsseite des archaischen Tempels C von Selinunt. Am Tempeltor sollte der Abwehrzauber besonders wirksam werden. Die frühen dorischen Tempel Siziliens besaßen nämlich an ihrer Rückseite im Westen eine fensterlose Kammer, in der die Priester über den Staatsschatz wachten.

Das Medusenhaupt ist auch auf antiken Keramikschalen aus Sizilien wiederzufinden, so im Archäologischen Museum in Agrigent. Oft wird es von einem Dreieck eingefasst. Vielleicht handelt es sich dabei um die stilisierten Giebeldreiecke der Athenetempel Siziliens. Vielleicht bezieht sich diese Darstellung auch auf ein Zitat bei Thukydides, der die Insel «Trinakria», Dreizack, nennt (Thuk. Pelop. 6, 2.1). Diese Etymologie geht auf die phonetisch ähnliche Namensfindung Homers für die Heliosinsel Thrinakie zurück, verweist aber gleichzeitig auf die geographische Form Siziliens, die schon sehr früh als ein Dreieck verstanden wurde.

Ovid bezieht sich im fünften Buch der Metamorphosen auf Thukydides, wenn er das Schicksal des Riesen Typhoeus beschreibt, der im Kampf mit den olympischen Göttern von einem Blitz getroffen auf die Insel Sizilien geschleudert und unter dem Vulkan Ätna begraben wird. Seine ausgestreckten Körperglieder zeichnen die Dreiecksform der Insel nach. Das Kap Pelorum bei Messina drückt seine rechte Hand nieder, der Ort Pachino südlich von Syrakus liegt auf seiner linken Hand, «es drückt Lilybaeum die Schenkel ihm nieder, Aetna beschwert sein Haupt.» Wenn Typhoeus darum ringt, sich von der Last der «großen Gebirge» Siziliens zu befreien, «schleudert er Asche und speit Feuer», es erbebt die Erde, und ihre Oberfläche spaltet sich, und die Schatten der Unterwelt werden durch das hereinbrechende Licht erschreckt (Ov. Met. 5, 346–358). Bemerkenswert ist, dass Ovids Version vom Ätna als einem Eingang zur Unterwelt auf die mittelalterliche christliche Vorstellung vom Fegefeuer verweist, das in der zweiten Hälfte des 13. Jahrhunderts erfunden und auf Sizilien im Schlund des Ätna verortet wurde.

2. Die Sizilische Expedition (416–413 v. Chr.)

Der Peloponnesische Krieg kann als erster Bürgerkrieg bezeichnet werden, der in der Geschichtsschreibung dokumentiert ist. Ursache des Kriegs war die ungebremste Expansionspolitik Athens und die Furcht Spartas, von Athen vereinnahmt zu werden. Ein Grund waren aber auch die in den beiden Stadtstaaten praktizierten Auffassungen von «Demokratie». Nach Aussage des griechischen Geschichtsschreibers Thukydides dauerte der Krieg von 431 bis 404 v. Chr. und zog seine Kreise weit über die peloponnesische Halbinsel Griechenlands hinaus. Am Ende schwächte er die gesamte griechische Welt im Mittelmeerraum und führte zum Untergang Athens als Wiege westlicher Kultur und Demokratie. Der Peloponnesische Krieg war kein Krieg, der von einer der beiden Parteien, Athen oder Sparta, zu gewinnen war. Denn er gebar – kaum war eine Wende abzusehen – neue Kriege wie die Hydra, der statt einem abgeschlagenen Kopf zwei nachwuchsen. Und neue Kriege bedeuteten neue Fronten, die weit entfernt vom griechischen Mutterland abgesteckt wurden. Die Katastrophe, die zuletzt vor Syrakus an der Südostküste Siziliens eintrat, vernichtete nicht nur Heer und Flotte der Athener, sondern auch die politische und wirtschaftliche Vorherrschaft der Griechen im westlichen Mittelmeer.

Der aus Athen stammende Geschichtsschreiber Thukydides ist neben seinem Landsmann Plutarch, der fünfhundert Jahre später die Sizilische Expedition in ihrer entscheidenden Phase nacherzählte, der Gewährsmann dafür, dass ein Krieg in seiner letzten Phase immer zur anonymen Mordmaschinerie wird, aber auch, dass ein Krieg am Anfang immer von Menschen erdacht wird – so wie das einzelne Ereignis, das den Vorwand für einen Krieg liefert.

Im Nordwesten der Insel siedelten die Elymer, ein Volk mit semitischer Sprache, das seine mythischen Wurzeln auf die Abkömmlinge der Trojaner zurückführte, die Äneas vor seiner Romgründung auf Sizilien zurückgelassen hatte. Einer ihrer Siedlungskerne, der Ort Segesta (Hegesta), lag oberhalb des Golfs von Castellammare im Landesinneren inmitten von Wein-, Dinkel- und Hirsefeldern (der heutige Hartweizen wurde erst von den Arabern kultiviert). Das Hauptheiligtum der Elymer befand sich auf dem Monte Eryx, einem steil aus dem Meer aufragenden, 750 m hohen Berg auf einem Kalksteinmassiv im äußersten Nordwesten der Insel. Ihr kulturelles und politisches Handeln wurde von den großen benachbarten phönizisch-karthagischen Siedlungen in Motya und Palermo bestimmt. Der Ehrgeiz ihrer kriegerischen Absichten aber war auf den äußersten Vorposten der Griechen, die im Westen gelegene Hafenstadt Selinunt, gerichtet, die mit gigantischen Tempelbauprojekten ihre wirtschaftliche Vormachtstellung zur Schau stellte. So kam den Segestanern die Suche der Athener nach einem geeigneten Vorwand für einen Krieg gegen das reiche, oligarchisch regierte Syrakus gelegen, und sie boten sich als Alliierte an. Syrakus trieb Handel mit Nordafrika und kontrollierte die Schiffsrouten bis Ägypten – ein ernstzunehmender Konkurrent Athens und seines Seebundes im östlichen und westlichen Mittelmeer. Der Tempel, der die Athen-freundliche Politik untermauern sollte, musste in Segesta allerdings erst gebaut werden. Er blieb am Ende des Kriegs als Bauruine unvollendet liegen – und ist heute ein seltenes Beispiel für die bis zur Perfektion getriebene Architektur griechischer Bauhütten auf Sizilien.

Im Sommer 415 v. Chr. kehrten die athenischen Gesandten

mit Staunen erregenden Berichten vom Reichtum der Elymer und von ihren mit Gold und Silber ausgestatteten Heiligtümern aus Sizilien zurück, Berichte, die nach Thukydides auf Lug und Trug beruhten. Was die Athener jedoch zu sehen bekommen hatten, war wertloses, versilbertes Geschirr, das von Pilgern für das Heiligtum der Aphrodite in Erice gestiftet worden war: glänzender Ramsch. Um die Griechen zu blenden, wurden die Schiffsmannschaften mit goldenen Bechern bewirtet, die die Segestaner sich unter anderem von den Phöniziern ausgeliehen hatten (Thuk. Pelop. 6, 46. 3–4). Prompt entschied die Volksversammlung in Athen die Entsendung von sechzig Schiffen unter dem unumschränkten Befehl dreier Feldherrn: Alkibiades, Nikias und Lamachos. Nikias war ein altgedienter, erfahrener Stratege und erkannte die Gefahr, die von einer neuen Front ausging. Aber er blickte auch mit Eifersucht auf den jüngeren Alkibiades, der sich privat mit einem eigenen Rennstall schmückte, in Olympia mit sieben Gespannen auf einmal antrat und auch sonst einem mondänen Lebensstil frönte. Zudem genoss Alkibiades den persönlichen Schutz des Sokrates, des damals prominentesten Philosophen Athens. Der junge Politiker dürfte von Sokrates in die Kunst der dialektischen Rede eingeführt worden sein. So richtete Alkibiades seine Rede direkt gegen Nikias, der von der Sizilischen Expedition abgeraten hatte. Die Argumentation des Alkibiades gründete sich auf den Anspruch, der von Barbaren besiedelten Welt die athenische Demokratie zu bringen, eine Argumentation, die noch im 21. Jahrhundert als Begründung eines Krieges zwischen West und Ost, Christentum und Islam, ihr Ziel nicht verfehlt. Schon Alkibiades vertrat die Idee des Präventivkriegs: «Gegen den Mächtigen wehrt man sich nämlich nicht nur, wenn er angreift, sondern damit er nicht angreift, kommt man ihm zuvor» (Thuk. Pelop. 6, 18.2).

In der Biographie des Nikias gibt Plutarch eine psychologische Momentaufnahme der Stimmung, die nun in Athen herrschte. Die Menge sei von der kühnen und verführerischen Art der Rede des jungen Alkibiades so betört gewesen, «dass die jungen Leute auf den Turnplätzen, die Alten in den Werkstätten und auf den öffentlichen Ruhebänken beisammen saßen und den Plan von Sizilien und des die Insel umgebenden Meers, die Häfen und die Örtlichkeiten, die auf der Afrika zugewandten Seite der Insel liegen, in den Sand zeichneten» (Plut. Nik. 12). Sie wussten, dass Sizilien nicht das Ziel und der Preis des Kampfes sein sollte, sondern nur das strategische Sprungbrett, von dem aus Alkibiades die Karthager bekämpfen «und zugleich Afrika und das Meer diesseits der Säulen des Herakles» unterjochen wollte. Auch von Seiten der Priesterschaft wurde Widerstand gegen die Expedition laut, da die Vorzeichen wegen verschiedener Vorfälle miserabel waren. Alkibiades hatte deshalb eigene Seher engagiert, die von dem Orakel des Zeus Ammon in der libyschen Wüste (heute die Oase Siva) den Spruch mitbrachten, die Athener würden alle Syrakusaner gefangen nehmen. Tatsächlich bestand eine der ersten erfolgreichen Scharmützel der Athener darin, im großen Naturhafen von Syrakus ein Schiff zu kapern. Darauf fanden sie beschriftete Wachstäfelchen mit den vollständigen «Einwohnermeldelisten» für die Musterung und Aushebung der Soldaten. Die Seher des Alkibiades mutmaßten nun, dass sich mit den Namenslisten schon das Orakel von der Gefangennahme aller Syrakusaner erfüllt habe. Alsbald wurde ein Prozess gegen Alkibiades angestrengt, und der Feldherr wurde nach Athen zurückbeordert.

Die entscheidende Landschlacht fand im Sommer 413 auf dem von Sümpfen und Steilhängen gesäumten Kalksteinplateau im Westen der Stadt, auf den Höhen von Epipolai, statt. Inzwischen hatten die Syrakusaner zwei quer zur Einschließungsmauer der Athener verlaufende Gegenmauern errichtet, ein genialer Einfall, der die Strategie des Nikias völlig unterlief. Der mit einem Heer von 5000 Schwerbewaffneten und 3000 Speerwerfern und Bogenschützen aus Athen zu Hilfe gerufene Demosthenes griff Syrakus sofort an. Doch es war August und sehr heiß. Also beschloss er, nachts zu kämpfen. Bald wussten die Athener – nicht zuletzt weil sie ein leicht zu imitierendes Losungswort vereinbart hatten – nicht mehr Freund und Feind zu unterscheiden. Zudem neigte sich der Mond schon dem Untergang entgegen und ließ die Umrisse der auf sie zustürzenden

Gestalten nicht deutlich erkennen. Niemand wusste, in welche Richtung er sich bewegen sollte. Die anschließende Seeschlacht im großen Hafen von Syrakus geriet zum Desaster. Die Schiffe der Athener hatten durch das monatelange Dümpeln Wasser gezogen und waren nur noch schwer zu manövrieren. Die Holzplanken waren vom gefürchteten Pfahlbohrwurm durchlöchert. Nicht nur die Kriegsmarine der Syrakusaner griff die schweren Schiffe der Athener an, sondern die ganze Bevölkerung machte sich auf, die Feinde zu überwältigen. «Die jungen Burschen bestiegen die Fischerbarken, kamen von allen Seiten auf die feindlichen Schiffe zugefahren und forderten die Athener heraus und beschimpften sie» (Plut. Nik. 24). So entspann sich ein heftiges Seegefecht, in dem die großteils manövrierunfähige Flotte der Besatzer zu Grunde ging. Alle gefangenen Athener und deren Bundesgenossen wurden in die Steinbrüche von Syrakus verschleppt, wo sie acht Monate zusammengepfercht dahinvegetierten. Nikias stürzte sich ins Schwert, Demosthenes wurde von der Soldateska erschlagen. «In allem allseitig niedergerungen und nirgends gering vom Leid getroffen, im Alluntergang, so sei es denn genannt, Volk und Flotte, und nichts, was nicht untergegangen wäre; nur wenige kehrten nach Hause zurück. Das waren die Ereignisse in Sizilien» (Thuk. Pelop. 7, 87.5).

3. Tyrannis und Tempelbau. Platons Sizilienreisen

Im Sommer 415 trafen sich die jungen Leute auf den Sportplätzen Athens und zeichneten immer wieder den Umriss der dreizackigen Insel Sizilien in den Sand. Sie maßen die Küsten zwischen Daumen und Zeigefinger und loteten die Meerestiefen mit schicksalsschwerer Hand aus, legten Finger an Finger in den Sand bis zur Küste Numidiens und dem Kap Bon, das nur knapp 150 Kilometer von der größten phönizischen Siedlung auf Sizilien, der Laguneninsel Motya, entfernt lag. Ihr begehrlicher Blick fiel auf die reichen Handelskontore der Karthager, ihre Schiffsrouten nach Westsizilien und die Ladungen mit Oliven und Getreide, die in den schlanken phönizischen Amphoren transportiert wurden. Die Karthager wussten um die unterschiedlichen Begehrlichkeiten der Griechen und ihrer Bundesgenossen auf Sizilien, die vor allem darauf beruhten, dass sie verschiedene Dialekte sprachen und verschiedene kulturelle Traditionen besaßen. Syrakus war die Stadt der peloponnesischen Dorer und nach Megara Hyblea die erste Kolonie der Griechen, die im letzten Drittel des 8. Jahrhundert v. Chr. im Osten der Insel siedelten. Der ionische Dialekt, der in Catania gesprochen wurde, unterschied sich so grundlegend vom dorischen wie die ionische Baukunst von der dorischen.

Der griechische Tempel bestand im Wesentlichen aus drei Elementen: ein vierstufiges Podest, eine fensterlose Zelle für das Kultbild und – seit dem 6. Jahrhundert v. Chr. – ein umlaufender Säulenkranz (Peripteros-Tempel). Jede Säule, die aus mehreren konisch behauenen Steintrommeln zusammengesetzt wurde, trug ein Kapitell, den «Kopf» der Säule. An der quadratischen Deckplatte des Kapitells, dem Abakus, herrschte der höchste statische Druck. Er wirkte ausgehend von dem waagrecht liegenden Steinquadern des Gebälks, in das die Dachsparren eingelassen waren, senkrecht nach unten vom «Hals» und «Bauch» bis zum «Fuß» der Säule. Die Säulen und deren Kapitelle, die Ornamentfriese am Gebälk der Tempel, überhaupt die ganze Auffassung des Verhältnisses von Tragen und Lasten folgten dem Grundmaß des idealen menschlichen Körpers. Der Körperbau des Menschen galt als idealer Maßstab für den Kultbau der Götter. Das Konzept der «idealen» Steinarchitektur, das seit der sogenannten klassischen Antike (seit etwa 480 v. Chr.) vor allem die Baumeister in Sizilien beschäftigte, hatte eine zunehmende Vereinheitlichung der vielfältigen Stile in der Literatur, Kunst und Architektur zur Folge. Parallel dazu vollzog sich eine Vermenschlichung des olympischen Götterhimmels mit Zeus an der Spitze. Einer der ebenmäßigsten, bis ins Detail durchdachten dorischen Tempel stand in Segesta seit 413 unfertig da, ohne

Dach und Kultbild; die Säulenschäfte ohne den letzten Schliff der Kannelierung – eine Schande in den Augen der Griechen!

Im Jahre 410 griff Selinunt, die reiche Subkolonie von Megara Hyblea, die elymische Stadt Segesta an. Dieses Mal reagierten die Karthager in Motya, die die Kriegsmüdigkeit der griechischen Bundesgenossen ausnutzten.

In Syrakus, das sich nach dem Sieg über Athen als politisches Sprachrohr der Griechen Siziliens gerierte, hatte sich mit Dionysios I. (430–367 v. Chr.) die Tyrannis durchgesetzt, die längste und mächtigste Tyrannenherrschaft der Antike. Das war der offizielle Grund für die tiefe Aversion von Seiten der Demokratiebewegung im griechischen Mutterland. Als Alleinherrscher investierte Dionysios I. große Summen des Staatskapitals in die militärischen Befestigungen der Stadt. Er ließ Mauern und eine mit Katapulten bestückte Festung, das Kastell Euryalos, an der Stelle des Hügelrückens von Epipolai errichten, an der Jahre zuvor der erste Angriff der Athener erfolgt war. Der selbst auferlegte politische Auftrag bestand darin, die Karthager von der Insel zu vertreiben. 398 griff Dionysios unter der Parole «Befreiung der Sikelioten» mit einem Heer von mehr als 80 000 Mann und dreihundert Kriegsschiffen die völlig unvorbereiteten Karthager an und stieß bis zur Westspitze Siziliens vor, wo er mittels einer neuen Belagerungstechnik die karthagische Hauptstadt Motye eroberte. Nun waren nicht mehr verschiedene Dialekte der Vorwand für einen Krieg, sondern die zunehmende Dominanz einer ausländischen, semitischen Kultur. Nur ein Jahr später erfolgte von Panormos (Palermo) aus der Gegenstoß der Karthager, der sie bis vor die Mauern von Syrakus führen sollte.

Eine großartige Abhandlung über die Tyrannis findet sich im achten und neunten Buch von Platons Dialog *Politeia*. Platon entwickelt hier über mehrere Stufen hinweg die Utopie des idealen Staats, der von einem gerechten Philosophenkönig geführt wird. Auf der untersten Stufe dieses Staatengebildes stehen die übelsten Kreaturen: Diktatoren, die keine Freunde haben und sich in ihren unstillbaren Begierden erschöpfen: «Sie stehlen, begehen Einbrüche, bestätigen sich als Beutelschneider oder

Kleiderdiebe, rauben Tempel aus oder treiben Menschenhandel» (Polit. 9, 575 b). Zweifellos hat Platon sein Bild vom tyrannischen Menschen unter dem Einfluss seiner drei Sizilienreisen entworfen. Die erste führte ihn 388/387 v. Chr. nach Syrakus. Aber sie endete mit einem Zerwürfnis mit Dionysios I., der ihn sogar mit der Todesstrafe bedrohte. Doch konnte der Philosoph die Freundschaft des Tyrannenschwagers Dion gewinnen, der sein Schüler wurde. Davon zeugt der sogenannte *Siebte Brief* Platons an Dions Familie, in dem er die Verhältnisse in der Stadt beschreibt: «Ich musste sofort feststellen, dass ich das sogenannte glückliche Leben, das man dort führte, nicht schätzte. Es bestand nur aus Banketten, in die man sich zweimal am Tag stürzte, ohne danach allein zu schlafen. Keine Stadt kann in Frieden leben, wenn ihre Bewohner bis zum Exzess konsumieren und ihre Muße nur durch Essen, Trinken und die Mühe zu kopulieren unterbrochen wird» (Epist. VII, 326c–d). Im Jahr 367 v. Chr. trat der Sohn des Tyrannen, Dionysios II., die Herrschaft als «Strategos Autokrator» an und wurde von Dion veranlasst, Platon als philosophischen Berater bei der Reform des Staates einzuladen. Dass Platon dabei mit anderen Beratern in Konflikt geriet, war unvermeidlich; nach der Verbannung Dions aus Syrakus musste 365 auch Platon wieder abreisen. Vier Jahre später erfolgte eine zweite, offenbar durch persönliche Bewunderung motivierte Einladung Platons nach Syrakus. Dionysios II. lud ihn in seinen Palast auf der Akropolis von Syrakus ein, wo Dionysios gegenüber den beiden großen Staatstempeln residierte, und Platon gesteht: «Die Bande zwischen mir und Dionysios begannen sich mit der Zeit zu vertiefen, wenigstens von seiner Seite aus, weil er begann, sich mit meinen Eigenarten und meinem Charakter anzufreunden» (Epist. VII, 330b). Am Ende ließ jedoch die Unversöhnlichkeit des Fürsten gegenüber Dion keine dauerhafte Zusammenarbeit zu. Im Jahr 360 kehrte Platon gegen den Willen Dionysios' II. nach Athen zurück. Dort bekannte er sich öffentlich zum Scheitern seiner Utopie.

Die Analogie zum gleichzeitigen Scheitern der idealen, vom menschlichen Ebenmaß bestimmten Architektur ist evident. Das von Echinus und Abakus klar umrissene Kapitell, der «Kopf» der dorischen Säule, wurde nun von Voluten, Akanthusblattwerk und neu erdachten Ornamentformen überwuchert, und auch Zeus musste sich (wie in der hellenistischen siculo-äolischen Keramik) mit einer Vielzahl umherflatternder Engelchen, Genien und Amoretten abfinden, die von nun an seine königlich olympische Ruhe empfindlich störten.

4. Kunsthandel und Rhetorik: Ciceros Prozess gegen Verres

Im zweiten Punischen Krieg (218–201 v. Chr.) verlor Syrakus seine lange bewahrte Unabhängigkeit, nachdem es sich den Karthagern angeschlossen hatte. Nach zweijähriger Belagerung durch den römischen Prokonsul Marcus Claudius Marcellus wurde die Stadt 212 erobert und geplündert. Damit gelangte ganz Sizilien unter die Herrschaft Roms. Sizilien war die älteste römische Provinz. An der Spitze stand der Statthalter, der gewöhnlich nur für ein Jahr bestellt war und den Titel des Prätors innehatte. Seit Sulla hieß der römische Statthalter Proprätor. Ihn unterstützten zwei Finanzbeamte, Quästoren, die ihren Sitz in Lilybaeum an der Westküste und in Syrakus im Südosten der Insel hatten. Syrakus war der bevorzugte Wohnsitz des Proprätors. Jedoch hatte er keinen ständigen Amtssitz, sondern pflegte vor allem im Sommer seine Provinz zu bereisen und dort Quartier zu nehmen, wo es ihm angemessen erschien. Den öffentlichen Gemeinden oblag die Pflicht, für ihn und sein Gefolge (*cohors praetoria*) Quartier zu stellen.

Der Politiker und Schriftsteller Cato der Ältere (234–149 v. Chr.) hatte in seiner berühmten wissenschaftlichen Abhandlung *De agri cultura* (*Über den Ackerbau*) die Bedeutung Siziliens als «Vorratskammer der *res publica* und Ernährerin des römischen Volkes» hervorgehoben. Die Provinz versorgte vor allem die Hauptstadt mit billigem Brotgetreide, Dinkel und Hirse. So war der Proprätor nicht nur für Ordnung und Sicherheit, sondern auch für die Kornlieferungen nach Rom verantwortlich. Er besaß nicht überall die uneingeschränkte Souveränität. So gab es die konföderierten Städte (*civitates foederatae*), die völlig autonom und nur vertraglich an Rom gebunden waren. Sie zahlten keine Steuern, waren aber verpflichtet, Flottenmaterial und Soldaten zu stellen. Dazu gehörten Messana (Messina), Tauromenion (Taormina) und Netum (Noto). Fünf weitere Städte, unter anderem Segesta und Panormus (Palermo), genossen als freie Gemeinden (*civitates liberae*) besondere Privilegien, die aber vertraglich nicht geregelt waren und jederzeit per Senatsbeschluss aufgehoben oder verändert werden konnten. Alle übrigen Städte (*civitates decumanae*) mussten einen Zehnt ihrer Agrarerträge an Rom entrichten, einige zusätzlich einen Bodenzins für die Nutzung staatlicher Pfründe.

Seit Sullas Neuordnung der römischen Verwaltung 82 v. Chr. musste jeder Konsul und Prätor nach seinem stadtrömischen Amtsjahr für ein Jahr als Prokonsul oder Proprätor die Verwaltung einer Provinz übernehmen. Im Jahre 73 v. Chr. wurde dem Gaius Verres durch Los die Provinz Sizilien zugeteilt. Nach Ablauf des Jahres war der vorgesehene Nachfolger Quintus Arrius im Kampf gegen die aufständischen Sklaven des Spartacus gebunden und konnte die Stelle nicht antreten. Trotz zahlreicher Beschwerden über Verres wurde seine Amtszeit vom Senat zweimal verlängert. So hatte er drei Jahre Zeit, in der Provinz nach wohlhabenden Bürgern zu fahnden, um sie per selbstgefälligem Dekret ihres Vermögens zu berauben. Er hatte Zeit, seine Methoden der Erpressung überhöhter Getreideabgaben zu verfeinern. So trieb er Gutsbesitzer, Bauern und die Fruchtbarkeit des Landes gleichermaßen in den Ruin. Desgleichen hinterzog er Weidezins und Hafenzölle und ließ widersprüchliche Akten vernichten. Noch während der Amtszeit des Verres im Jahr 71 wurden in Rom Gesandtschaften aus allen sizilischen Städten vorstellig – außer aus Syrakus und Messana, deren korrumpierte Verwaltungen mit Verres kooperierten. Die Sizilianer beklagten ihre unerträgliche Lage und klagten ihren Statthalter an. Verres war ein Tyrann, wie er im Buche stand: Platon hatte den tyrannischen Menschen in seiner *Politeia* genau beschrieben; und es gab nur einen in Rom, der das Buch genau gelesen hatte: der Redner Marcus Tullius Cicero. Verres wurde im Januar 70 nach Rom zurückberufen, wo er sofort einflussreiche Politiker, darunter den vornehmsten Vertreter des römischen Adels Publius Cornelius Scipio, auf seine Seite brachte. Cicero hatte sich bereits durch Aufsehen erregende, rhetorisch brillante Verteidigungsreden einen Namen gemacht und war in seiner politischen Laufbahn selbst einmal als Quästor in Sizilien tätig gewesen. Er kannte die komplizierten Strukturen der Insel, auf der jeder, der etwas zu sagen hatte, in Loyalitäten und Interessen verstrickt war. Noch im selben Jahr eröffnete Cicero auf Bitten der Sizilianer den Prozess gegen Verres wegen Bestechlichkeit, Steuerhinterziehung und Erpressung. Mit Verschleppungstaktiken versuchte Quintus Hortensius, Konsul und prominenter Verteidiger des Verres, den Prozess über mehrere Monate bis zum Ende einer Festperiode (Plebejische Spiele) in den November hinauszuziehen. Er spekulierte, dass der Prozess, der öffentliches Aufsehen erregte, dann an Interesse eingebüßt hätte. Außerdem hätten im Dezember turnusgemäß einige Mitglieder des bisher unbestechlichen Richterkollegiums ausgetauscht werden müssen. Cicero durchschaute die Taktik und verkürzte seine einleitende Anklagerede (*Erste Rede gegen Verres*), indem er sich sofort der Beweisaufnahme zuwandte und zu jedem Anklagepunkt zahlreiche Zeugen auftreten ließ. Zur zweiten Verhandlung erschien Verres nicht mehr und wurde in Abwesenheit schuldig gesprochen. So liegt uns die *Zweite Rede gegen Verres* nur als Anklagerede einer fiktiven Prozesssituation vor. Wie der Tyrann in Platons *Politeia* erscheint Verres bei Cicero als gewiefter Ausbeuter, der aber einsam und ohne Freunde bleibt. Zu den treuen Schergen des Verres gehören nach Cicero nur die niederen Dienstgrade: «Präfekten, Schreiber, Amtsdiener, Ärzte, Opferschauer und Ausrufer» (Cic. Verr. 2,2,10.27), die auf ihren eigenen kleinen Vorteil bedacht sind. Ciceros Anklageschrift könnte heute wörtlich auf führende Politiker und Mitglieder der Cosa Nostra in Sizilien angewendet werden. Besondere rhetorische Wirkung erzielte Cicero im zweiten Buch der *Zweiten Rede* mit der Schilderung der Sizilianer als uneingeschränkt «fleißige, sparsame, redliche und romtreue» Leute, ein rhetorischer Trick, um dieses Lob mit Hilfe von Einzelbeispielen wieder zu entkräften und ins Negative zu wenden. Es ist diese Art der zugleich verwirrenden und entwaffnenden Argumentation, die in Sizilien heute noch allerorts anzutreffen ist. Cicero konnte das nur in Sizilien selbst gelernt haben.

Der für die Geschichte und Archäologie unermessliche Wert der beiden Verrinischen Reden Ciceros liegt in ihrem Quellencharakter. Wir haben es bei Verres nämlich nicht nur mit einem korrupten Politiker, sondern auch mit dem ersten bezeugten Kunsträuber und Antiquitätensammler zu tun, der gezielt die antiken Tempelbezirke Siziliens nach wertvollen Kultgegenständen durchsuchen ließ (Cic. Verr. 1,5.14; 2,1.17–59; 2,5.184–189). So stellen die rhetorisch ausgefeilten Anklageregister Ciceros, in denen er Verres nicht als primitiven Tempelräuber, sondern – publikumswirksam – als Gotteslästerer entlarvt, auch Inventarlisten dar, in denen das Raubgut Stück für Stück aufgezählt wird. Anhand der aufgelisteten Kultbilder, die Verres aus den Heiligtümern entfernen ließ, kann der Archäologe das Patrozinium dieser Tempel rekonstruieren. Darüber hinaus beschreibt Cicero die einzelnen Gegenstände, wie im Fall des Heraklestempels in Agrigent, wo die Schergen des Verres bei Nacht versuchten, das bronzene Kultbild zu rauben (Cic. Verr. 2,5.186). Jedes Beispiel dieser Liste leitet Cicero mit einer dramatischen Anrufung der jeweiligen geschändeten Gottheit ein: «Ein anderes aber beseitigte er zu Henna aus dessen Wohnsitz und Hause, und diese Darstellung war so erlesen, dass die Leute, die sie sahen, entweder Ceres selbst oder ein Bild der Ceres, das nicht von Menschenhand verfertigt, sondern vom Himmel gefallen sei, zu erblicken glaubten: auch euch rufe und flehe ich immer wieder an, ihr heiligen Göttinnen, die ihr die Seen und Haine von Henna bewohnt und ganz Sizilien beschützt, das meinem Beistand anvertraut ist.» (Cic. Verr. 2,5.187–188)

Verres ließ noch vor seiner Verurteilung den größten Teil seines Vermögens ins Ausland schaffen.

5. Caesaren im spätrömischen Idyll: Die Villa del Casale

Die römische Kaiserzeit bescherte Sizilien wie auch den anderen Provinzen des Reichs eine tiefgreifende Wandlung der Produktionsverhältnisse. Die Diokletianische Reform (284–305 n. Chr.) hatte die Insel zur *regio suburbicaria* erhoben, die die Versorgung der beiden Hauptstädte Mailand und Rom garantieren sollte. Die kurz darauf durch Konstantin den Großen (312–337 n. Chr.) vorgenommene Reform der Institutionen und die administrativen Maßnahmen zur Regulierung der landwirtschaftlich genutzten Flächen erforderten auch eine Reform des Straßennetzes und der Wegerechte. Neue Herbergen und Pferdewechselstationen (*mansiones*) wurden entlang der Staatsstraßen gebaut, um die Infrastruktur der großflächigen Latifundien mit ihren herrschaftlichen Villen zu verbessern. Landwirtschaft und handwerkliche (auch kunsthandwerkliche) Produktion wurden gefördert und erlebten eine letzte Blütezeit.

Eine der acht neu gegründeten Pferdewechselstationen der Konstantinischen Staatsstraße auf Sizilien hieß Massa Philosophiana und lag zwischen Agrigentum und Catana (Catania) in der Nähe des heutigen Piazza Armerina. Eine Allee zweigte von dieser Straße nach Norden in ein baumbestandenes Tal ab, das gute Jagdgründe bot. Hier wurde zwischen 306 und 365 die Villa del Casale, eine herrschaftliche Landvilla, erbaut, die durch zwei eigene Aquädukte mit Trink- und Brauchwasser (für die Thermenanlage) versorgt wurde. Der Reichtum des Besitzers wurde am triumphbogenartigen Eingangstor durch zwei Brunnenbecken angezeigt, in die Wasser sprudelte. Gärten mit Wasserspielen galten im spätantiken Sizilien, als die ausgedehnten Wälder infolge des immensen Holzbedarfs der Punischen Kriege weitgehend abgeholzt waren und der Boden an den Küsten verödet war, als Symbol der Macht und der Selbstinszenierung. In einer Rundbogennische am Ende des mit ionischen Säulen umstandenen Vestibüls wird das Standbild des Eigentümers oder eines seiner Ahnen den Eintretenden ersatzweise für den nur im Sommer anwesenden Hausherrn begrüßt haben. Die Latifundienwirtschaft der späten Kaiserzeit mit ihrem Klientelwesen inszenierte sich hier in repräsentativen Gebäuden, dekorativer Wandmalerei und bunten Mosaikfußböden, die ein einzigartiges Bildprogramm zeigten. Gewiss kamen die Mosaizisten aus dem prokonsularischen Nordafrika. Darauf lassen die zahlreichen in größter Naturtreue gezeichneten Darstellungen von Löwen, Nashörnern, Elefanten und Straußen schließen. Aber solche Tiere wurden auch zum Zweck höfischer Repräsentation aus Afrika importiert und im Amphitheater öffentlich vorgeführt. Der Ostkorridor mit der Darstellung einer Großwildjagd in Afrika und der anschließenden Verschiffung der lebenden Tiere dokumentiert diesen Vorgang. Die Räume der Villa steigen über Stufen von Westen nach Osten an, wo ein mit Marmorplatten ausgelegter Saal in einer Nische (Exedra) den Baukomplex abschließt. In der Exedra befand sich die Bildnisbüste oder der Thron des Hausherrn, auf dem er die Huldigungen seines Hofstaats entgegennahm. Die Elevatio, das Hinaufsteigen des Besuchers bis zum Höhepunkt der Audienz, nahm in dem Maße zu, in dem er durch den Glanz der Ausstattung beeindruckt wurde. Auf die Selbsterhöhung folgte die Selbsterniedrigung, die Proskynese, der Kniefall vor dem Thronsessel des Hausherrn. Auch die Architektur drückte sich in dieser Sprache aus: Die Peristylhöfe wurden mit Säulen bestückt, die der Kompositordnung, der höchsten und prächtigsten der römischen Säulenordnungen, folgten. Im Vorzimmer zum Vestibül der Thermenanlage, die sich im Westen an den großen Peristylhof anschließt, ist eine Fünfpersonengruppe dargestellt, die aus zwei Dienerinnen und einer reich gekleideten Dame mit zwei Kindern, einem Mädchen und einem Jungen, besteht. Das Bemerkenswerte an der Figur des Jungen sind seine individuellen Züge, sein offenes blondes Haar und die Tatsache, dass er seine Linke in einem Bausch der Toga verhüllt: ein Unheil versprechender Gestus. Es wurde vermutet, dass der

Erbauer der Villa im frühen 4. Jahrhundert der pensionierte Kaiser Maximian war, der von seinem Mitregenten Diokletian den Beinamen Herculius erhalten hatte. Diokletian hatte im Römischen Reich die Tetrarchie, die Herrschaft von vier Regenten, ausgerufen, wonach jeweils zwei *Augusti* und zwei *Caesares* zusammen das Reich regieren sollten. Im Jahr 293 ernannte Diokletian seinen Schwiegersohn Constantius zum Cäsar und adoptierte ihn. Damit stieg Constantius in die Nachfolge der römischen Kaiser auf. Doch übersah Diokletian, dem die letzte Christenverfolgung zur Last gelegt wird, ein schwarzes Schaf in seiner weit verzweigten Familie. Constantius hatte mit seiner ersten Frau Helena einen Sohn namens Constantinus gezeugt, der als Konstantin der Große in die Geschichte einging. Im Zeichen des Kreuzes besiegte und tötete Konstantin 312 den Sohn des Maximian, Maxentius, an der Milvischen Brücke bei Rom. Damit legte Konstantin ein Jahr später im Toleranzedikt von Mailand den Grundstein für die Ausbreitung des Christentums in der westlichen Welt. Die Ironie des Schicksals wollte es, dass nach dem Tod des Maxentius der Besitz dem Adoptivsohn Diokletians, Constantius, zufiel. Dieser gab sein Erbe an seinen Sohn Konstantin weiter. Es kann nur spekuliert werden, ob die Villa del Casale auf Sizilien zu diesem Besitz gehörte. In diesem Fall ist es reizvoll, zu erwägen, ob sich die beiden späteren Kontrahenten Konstantin und Maxentius hier in jungen Jahren begegnet sind. Womöglich folgte der Künstler des erwähnten Mosaiks der Villa del Casale nach 312 einer Bildvorlage, die den jungen Konstantin mit seiner Mutter zeigte.

6. Vom Doppelkreuz zum Islam: Der Aufstieg Palermos

Im Gebiet um Messina an der Nord- und Ostküste Siziliens begegnen dem Historiker zahlreiche Legenden zu byzantinischen Kapellen- und Kirchengründungen, deren Ursprünge auf wundertätige Heiligenikonen des 8. Jahrhunderts zurückgeführt werden. So erreichte die Holzstatue der «Schwarzen Madonna» von Tindari die Nordküste Siziliens auf einem Schiff aus Byzanz. Das Kultbild forderte laut Legende seine kultische Verehrung in Tindari ein, indem es dem Schiff durch einen Sturm die Weiterfahrt verweigerte. In den meisten Fällen sind diese Gründungslegenden nachträglich seit dem 13. Jahrhundert entstanden, um dem Ort des wundertätigen, «sprechenden» Kultbilds die reichen Pfründe zunehmender Pilgerschaft zu sichern.

Der byzantinische Kaiser Konstantin V. ließ im Jahr 766 im Hippodrom von Konstantinopel neunzehn hohe kaiserliche Beamte wegen ihres Widerstands gegen die neu erlassenen Bildersturmedikte hinrichten. Unter ihnen befand sich auch der Statthalter von Sizilien. Auf dem durch Kaiserin Irene einberufenen siebten ökumenischen Konzil in Nikaia wurde der Ikonoklasmus, das Verbot und die Zerstörung religiöser Bilder, 787 als Ketzerei verurteilt. Die Bilder wurden rehabilitiert – im Kirchenraum, an Wänden und auf Tafeln, an Kultgerät und Gewändern, in Privathäusern und auf öffentlichen Wegen, «seien sie nun aus Farben oder Stein oder in einem anderen Material». Sechs Jahre zuvor hatte Irene ihre Nebenbuhler in der Thronfolge, die dritte Ehefrau ihres verstorbenen Gatten und deren Kinder, in das ferne Sizilien verbannt. Der sizilische Statthalter Elpidios rebellierte gegen Irene, musste aber bald nach Nordafrika fliehen, wo ihn der arabische Herrscher unter der Bedingung willkommen hieß, dass er zum Islam übertrete. Auch wenn wir zu den näheren Umständen der Verbannung nur spärliche Quellen besitzen, müssen wir annehmen, dass diese Ereignisse die Ideen des Bilderstreits nach Sizilien gebracht haben. Namentlich bekannt sind die Legaten der zehn mächtigsten Bischofssitze Siziliens, die am Konzil in Nikaia teilgenommen haben. Sie stimmten geschlossen gegen die Bilderfeinde. Epiphanios von Catania schloss das Konzil mit einer flammenden Rede. Die sizilianische Bevölkerung hat sich niemals zum Ikonoklasmus bekannt. Der Import byzantinischer Madonnen- und Heiligenikonen, ihre Verehrung und ihre Wundertätigkeit, setzten bald ein und bestimmen noch heute das religiöse Leben und den Volksglauben in den ländlichen Regionen der Insel. Dass bei der Diskussion um die Bilderverehrung nicht nur die militärische Bedrohung durch den Islam, sondern auch die zunehmende Präsenz der bilderlosen islamischen Kunst und Kultur im gesamten Byzantinischen Reich eine Rolle spielten, ist eine geschichtliche Tatsache.

Im Jahr 827 befahl der byzantinische Kaiser die Verhaftung des griechischen Admirals Euphemios. Dieser hatte Sizilien nach einem von ihm angezettelten Volksaufstand dem muslimischen Aghlabidenherrscher in Kairouan als tributpflichtige Provinz angeboten. Euphemios' Vision war es, einer neu geschaffenen Provinz des nordafrikanischen Aghlabidenreichs als Statthalter mit dem Titel eines Kaisers vorzustehen. Der Emir zögerte keinen Moment. Noch 827 landete ein 10 000 Soldaten zählendes Eliteheer bestehend aus afrikanischen Arabern und Berbern sowie weiteren Muslimen aus Spanien an der Küste von Mazara. Damit begann die schrittweise muslimische Eroberung und Kolonisierung Siziliens. Schon nach vier Jahren fiel 831 Palermo in die Hände der muslimischen Aghlabiden. Damit konsolidierten sie ihre Vormachtstellung im Westteil der Insel und besonders im Südwesten, im Val di Mazara. Dagegen blieb der dem kalabresischen Festland am nächsten gelegene Nordosten Siziliens mit dem Val Demone noch weitgehend in byzantinischer Hand. Wie schon in der Antike hatte Syrakus eine Schlüsselposition als Bollwerk gegen die afrikanischen Heere inne. Es fiel nach mehreren Angriffen 878. Der strategisch unbedeutende Ort Rometta in den Monti Peloritani bei Messina hielt den Muslimen bis

965 stand. Doch mit der Plünderung von Syrakus war Sizilien bereits Teil der arabischen Welt. Syrakus trat seine Rolle als Hauptstadt an Palermo ab. Es begann die Zeit, die wir als europäisches Mittelalter bezeichnen. In den wenigen erhaltenen Inschriften vom 6. bis 8. Jahrhundert herrscht die lateinische Schrift vor. Aber auch die griechische Sprache, die im 7. Jahrhundert als Amtssprache von den Byzantinern eingeführt worden war, wurde – vor allem bei den Basilianermönchen in den Höhlen ihrer Eremitage – auch weiter in Form von lokalen Dialekten gepflegt. Um 900 jedoch wird der Großteil der Bevölkerung Siziliens die «heilige Sprache» Arabisch gesprochen und gelesen haben. Der Mönch Theodosios, einer der wenigen Überlebenden nach dem Fall von Syrakus, berichtet, dass mit ihm viele Glaubensgenossen nach Palermo übergesiedelt seien, wo die Christengemeinde seit Ende des 9. Jahrhunderts verpflichtet war, ein bestimmtes Zeichen auf ihrer Kleidung zu tragen, um sich den Muslimen als Andersgläubige zu erkennen zu geben.

Die Cala, der große Hafen von Palermo, der schon in phönizischer Zeit geschützt im Mündungsdelta der beiden Flüsse Kemonia und Papireto angelegt worden war, schloss die arabische Stadtanlage nach Osten hin ab. Der Hafen wurde zur Drehscheibe der Händler, die aus dem Orient Gold, Seide und Gewürze mitbrachten und in den Westen verkauften. Nördlich des Hafens entstanden Handelskontore syrischer und persischer Kaufleute. Es folgten Händler aus Amalfi, Salerno und Neapel. Pisaner und Genuesen stellten die Schiffe, die das Tyrrhenische Meer bis Marseille versorgten. Die Fläche der Stadt verdreifachte sich gegenüber der antiken Stadtanlage. In den Hügeln im Westen der Stadt wurden jenseits der oberen Zitadelle weitläufige Gärten angelegt und bisher unbekannte Pflanzen kultiviert wie Baumwolle, Dattelpalmen, Zitrusfrüchte, Maulbeerbäume und Zuckerrohr. Der Wasserbedarf war enorm und erforderte neue Bewässerungstechnologien wie das Schöpfrad, das Ingenieure aus Nordafrika mitbrachten. Am Ufer des Papireto standen mehrere Mühlen, in denen Papyrus verarbeitet wurde. Da es nur in Ägypten im Nildelta und in Syrakus im Anapodelta größere Papyrusvorkommen gab, ist anzunehmen, dass hier zum ersten Mal in der Geschichte Christen und Muslime – die einen aus Syrakus, die anderen aus Ägypten stammend – ohne Zwang in gemeinsamen Werkstätten zusammenarbeiteten. Diese Tradition sollte sich bis in normannische und staufische Zeit fortsetzen.

7. Das fatimidische Schisma

Im Jahr 900 erreichten die Rivalitäten zwischen Palermo (*Balárm*) und Agrigent ihren Höhepunkt. Dabei spielten die Berber – von denen viele orientalisch-christlichen und jüdischen Glaubens waren – eine tragende Rolle. Die Krise war hausgemacht und nur ein Reflex der Machtverschiebungen in Nordafrika (*Ifríqiyah*) und im benachbarten Maghreb. Ob die dynastischen Streitigkeiten die religiösen Differenzen begünstigten oder umgekehrt, bleibt eine der schwierigsten Fragen westöstlicher Geschichtsschreibung. Jedenfalls entmachtete ein Emporkömmling des afrikanischen Berberstamms der Kutámah namens Abdalláh al-Mahdí den Aghlabiden Ziyádat Alláh III. Al-Mahdí ließ sich zum Kalifen ausrufen und untermauerte seine Legitimität dadurch, dass er die direkte Erbfolge Fatimas (606–632) und Alís beanspruchte. Fátima war die Tochter, Alí der Schwiegersohn und Neffe des Propheten Muhammad (um 570–632) und vierter Kalif in dessen Nachfolge.

Alis Anhänger bildeten die Partei Alis, die *Schiat Ali;* als Schiiten bilden sie bis heute die zweitgrößte Gruppierung im Islam nach den Sunniten. Sie halten am Grundsatz der blutmäßigen Abstammung von Muhammad als Bedingung für die Übernahme des Kalifenamtes fest. Die religiöse Führungsrolle der Glaubensgemeinschaft übernimmt der Imam als gottgewollter Nachfolger Alis. Der zuletzt erwartete Imam, *al-Mahdí*, wird am Ende der Zeiten als «Rechtgeleiteter» das Reich Gottes errichten. Die schiitische Lehre von der Nachfolge Muhammads begünstigte unter den Fatimiden in Nordafrika und von dort aus auch in Sizilien einen Sonderweg der islamischen Heilslehre, die Glaubenssekte der Ismailiten. Ihre eschatologischen Vorstellungen müssen hier nicht näher erläutert werden; wichtig für unseren Zusammenhang ist, dass der ismailitische Sonderweg ein wichtiger Grund ist, warum an den Rändern des Fatimidenreichs wie in Sizilien immer wieder selbsternannte messianische «Rechtgeleitete» auftraten.

Nachdem um 900 Abdalláh al-Mahdí in Kairouan die Macht ergriff, hatten die Sizilianer also die Wahl zwischen der Loyalität gegenüber den fernen sunnitischen Abbasidenherrschern, in deren Abhängigkeit ihre Statthalter, die Aghlabiden, standen, oder gegenüber den Fatimiden, was eine Bekehrung zum Schiismus bedingte. Die erste Option bedeutete relative Unabhängigkeit – aber im Namen der Sunna. Die Alternative bedeutete, die Beziehungen zu Nordafrika neu zu gestalten. Dabei waren es keineswegs Fragen, die nur die eingewanderten Muslime der Insel betrafen, sondern auch die ehemaligen Christen, die in der Hoffnung auf eine bessere soziale Ausgangsposition in großer Zahl zum sunnitischen Islam konvertiert waren. Immerhin wussten sie, dass die Machtübernahme der Fatimiden in Nordafrika keine Pogrome und damit keine existentielle Gefährdung der sunnitischen Glaubensgemeinde nach sich gezogen hatte und erhofften sich dasselbe für Sizilien.

Als Kalif al-Mahdi im Jahre 911 seinen Vertrauten Ibn Abí Khinzír mit einem starken Kampfverband berberischer Kutámahkrieger nach Sizilien schickte, war es seine Absicht, die sizilianischen Städte unter seiner Macht zu vereinen – und den Sizilianern klar zu machen, dass es sich hier nicht um eine vorübergehende Stammesfehde handelte, die man nur geduldig auszusitzen brauchte, sondern um eine veritable Revolution. Allerdings verbreitete sich die Einsicht, dass der Wechsel von den Aghlabiden zu den Fatimiden eine Zementierung der Vormachtstellung der maghrebinischen Berber über die Araber bedeutete, die nicht mehr rückgängig zu machen war, in Sizilien mit erheblicher Verzögerung. Ibn Abí Khinzír leitete auch administrative Reformen ein. Er entschied, Sizilien in zwei Verwaltungs- und Heeresbezirke aufzuteilen: Palermo und Agrigent, wobei Agrigent an Autonomie einbüßte und revoltierte. Der Kalif war gezwungen, seinen Statthalter aus Sizilien abzuziehen. Von den Sizilianern wurde 913 ein Mann aus dem sunnitischen Gegenlager zum Emir ernannt, Ibn Qurhub. Er versicherte zwar sofort nach seiner Ernennung dem Abbasidenkalifen in Bagdad seine Gefolgschaft, wurde aber dennoch schon bald nach Nordafrika abgeschoben, wo ihn Kalif al-Mahdi über dem Grab des verehrten Ibn Abí Khinzír hinrichten ließ.

8. Die Schätze der Kalifen

An den mittelalterlichen Höfen Siziliens kursierten Aufsehen erregende Legenden von der Auffindung unermesslicher Schätze. Christlichen Herrschern erschien im Traum eine paradiesische Jungfrau, die sie als Maria erkannten. Muslimischen Herrschern erschienen gleich mehrere Jungfrauen des Paradieses, die ihnen den Weg zu einem verborgenen Schatz wiesen, mit dessen Erlös sie ihre repräsentativen Bauten finanzierten. Was uns heute angesichts der Bauspekulation der Mafia merkwürdig bekannt vorkommt, hatte im 11. und 12. Jahrhundert – trotz oder wegen der himmlischen Vermittlung – durchaus seriöse Wurzeln. Allerdings handelte es sich bei dem Ereignis, das die Schatzkammern sizilischer Klöster und Residenzen mit bunt zusammengewürfelten Kleinodien von unschätzbarem Wert füllte, um eine der folgenreichsten Katastrophen der Kunstgeschichte. Im Jahre 1068, in Zeiten schlechter Ernten, von Währungsverfall und Hungersnot infolge niedriger Wasserstände des Nils, sah sich in Kairo der fatimidische Kalif al-Mustansir (reg. 1036–1094) genötigt, die türkischen Gardisten, die ihren ausstehenden Sold einforderten, mit Preziosen aus den Schatzkammern des Kalifenpalasts in Kairo zu bezahlen. Die Soldateska brach schließlich die Magazine auf und plünderte alles bewegliche Gut. Es waren nicht nur Gegenstände aus Seide, Elfenbein, Gold und Bergkristall, die geraubt wurden, sondern auch Bücher, unter anderem die Bibliothek des al-Hákim, die der Kalif im Jahre 1005 als «Haus des Wissens» der Öffentlichkeit zugänglich gemacht hatte. Wie 1204, als die Venezianer während des 4. Kreuzzugs Konstantinopel plünderten, müssen in Kairo gut informierte, durchaus gebildete Auftraggeber gezielt die «Akquisitionen» gelenkt haben. Zwei große fatimidische Bergkristallgefäße mit dem Namenszug des Kalifen al-Azíz wurden kurz nach der Plünderung 1068 auf dem Markt von Tripolis zum Verkauf angeboten. Ein treuer Hofbeamter konnte die von unbezahlten Ministern und marodierenden Soldaten verschleppten Gegenstände noch inventarisieren. Diese Inventarlisten sind uns erhalten geblieben und stellen eine einzigartige Quelle für die Anordnung und Funktion mittelalterlicher Schatzkammern dar. Die Schätze der Fatimiden wurden fast alle innerhalb des Großen Ostpalastes in Kairo aufbewahrt. Allein die Palastbibliothek verfügte über vierzig Räume, dazu kamen zahlreiche Magazine für Waffen und Reitzeug, auch Kleider-, Textil- und Möbelkammern, Prunkmagazine für Juwelen und weitläufige Vorratslager für exotische Gewürze. Diesem Teil des Palastes angegliedert waren die Tiráz-Werkstätten, in denen unter anderem die Seidenstoffe gewebt und mit Juwelen bestückt wurden. Organisation und Ausstattung der fatimidischen Sammlungen erinnern bis ins Detail an die Schatzkammern der Normannen in Palermo, die fast identische Gegenstände enthielten und in ganz ähnlicher Weise Verwendung fanden. Sie wurden in den normannischen Hofwerkstätten imitiert oder im siculo-normannischen Stil umgearbeitet. Wie lässt sich das erklären?

948 hatte der Fatimidenkalif al-Mansur beschlossen, Sizilien nicht mehr wie eine afrikanische Provinz mit wechselnden kommissarisch eingesetzten Statthaltern zu regieren, sondern einen Stellvertreter im Rang eines Vizeregenten nach Sizilien zu entsenden. Das Amt sollte darüber hinaus durch Erbfolge in einer Familie bleiben. Er setzte al-Hassan ibn Ali aus dem arabischen Geschlecht der Kalb als ersten Emir ein. Nach dem Tod des Kalifen al-Mansur verloren die Kalbiden die Gunst des Fatimidenhofs – sie waren wohl zu mächtig geworden; vielleicht wurde auch der ismailitische Sonderweg suspekt, den die Kalbiden in

der Ausbreitung des Islam auf Sizilien weiter verfolgten. Es gelang dem neuen Fatimidenkalifen allerdings nicht, die Kalbiden in Sizilien zu stürzen. Die Insel erlebte unter den Kalbiden eine fast hundertjährige Blütezeit ohne Kriege und Hungersnot. Erst 1053, nach einer Periode der Anarchie, wurde der letzte Kalbid as-Samsam abgesetzt. Arabische Chronisten berichten von gleichzeitigen militärischen Operationen der Normannen auf Sizilien. Diese begannen in Wahrheit erst 1060, als 180 Normannen die Meerenge von Messina überquerten, um die eigentliche Landung des normannischen Heers an der Ostküste Siziliens vorzubereiten, die im Mai 1061 erfolgte. Interne Machtkämpfe unter den Muslimen Siziliens führten dazu, dass rivalisierende Familienclans militärische Hilfe im Westen suchten. Die Zersplitterung der politischen Einheit Siziliens kam zwei normannischen Brüdern aus dem nordfranzösischen Grafengeschlecht der Hauteville gelegen, die 1059 vom neuen Papst Nikolaus II. mit Sizilien belehnt worden waren: Robert Guiscard, Herzog von Apulien und Kalabrien, und sein jüngerer Bruder und Vasall, Graf Roger (I.). Der einzige Haken an der Belehnung war, dass sich das Lehen seit Jahrhunderten in den Händen der Muslime befand …

Im Jahr 1072, nur vier Jahre nach dem Ausverkauf der fatimidischen Schatzkammern in Kairo, fiel die muslimische Stadt Palermo (*Balárm*) in die Hände der beiden normannischen Eroberer. Zweifellos zählten die neuen Machthaber zu den dankbarsten Abnehmern islamischer Beutekunst, wenn sie nicht gar selbst zu den Auftraggebern gezielter Plünderungen gehörten. Sie erwarben Elfenbeinkästchen, Goldschmuck und Seidenwebereien auf dem Kunstmarkt in Kairo und Tripolis. Mit diesen Metropolen des Mittelmeers pflegten die seit 1035 in Unteritalien ansässigen ehemaligen Exilanten aus der Normandie längst enge Handelsbeziehungen. Als Graf Roger starb, beschloss seine Witwe, den Staatsschatz der Normannen aus Troina, einer Bergfeste im Landesinneren, in die Hafenstadt Palermo zu verlegen. Damit schuf sie die Voraussetzung für die Gründung eines festen normannischen Herrschersitzes. Sizilien und Unteritalien, ein von Reggio und Bari bis Montecassino und Ancona reichendes Territorium, sollte nun von der Residenzstadt Palermo aus zentralistisch regiert werden. Im Jahr 1103 starb Simone, der erstgeborene Sohn des Grafen Roger I. So stieg der Zweitgeborene Roger II. zum Thronfolger auf. Das muss der Anlass für den Neubau einer monumentalen christlichen Palastanlage gewesen sein – inmitten der immer noch mehrheitlich von Muslimen bewohnten Stadt Palermo.

9. Von Purpur zu Porphyr: Die Normannen und das Papsttum

Die Geschichte des Mittelalters in Sizilien ist auch eine Geschichte des Papsttums. Von Beginn an versuchten die Normannen, ihre Lehnsgüter als direkte Vasallen des Papstes zu erwerben. Doch erst 1156, mehr als 120 Jahre nach ihrer Ankunft, gelang es ihnen, ihren päpstlichen Treueeid legal verbriefen zu lassen. Bei einem der ersten normannischen Chronisten, Wilhelm von Apulien, werden die Normannen *homines boreales*, die «Männer des Nordwindes», genannt, die wie der eisige Nordwind in Unteritalien eingefallen seien. In Wirklichkeit waren sie verarmte Einwanderer, nachgeborene Söhne aus Nordfrankreich, die gemäß geltendem Erbrecht ohne Lehensanspruch ins Exil geschickt worden waren. Sie verdingten sich zunächst als Söldner, und tatsächlich waren sie bei der Wahl ihrer Verbündeten pragmatisch und wechselten – wie der Wind – die Seiten. Unter ihnen taten sich die zwölf Söhne des Tankred von Hauteville hervor, «auf der Flucht vor dem Zorn ihres Herrn, des Grafen der Normandie» (Leo von Ostia).

Was im Exil zählte, war der Familienverband, der Stamm, die Sippe. Umso erstaunlicher ist deshalb die Tatsache, dass in keiner Quelle der Begriff «normannisch» in Verbindung mit normannischer Kunst oder Sprache aufscheint. *Gens normannorum* bezeichnete im 12. Jahrhundert nur die geographische Herkunft aus dem französischen oder englischen Stammland. Auch der Name des Geschlechts der Hauteville (vielleicht nach dem Dorf Hauteville-le-Guichard benannt), von dem die Tankredsöhne abstammten, die seit 1035 Unteritalien und seit 1061 Sizilien unterwarfen, scheint in den Chroniken, Urkunden und Siegeln des 12. Jahrhunderts nicht auf. Die Normannen unterzeichneten ihre Urkunden mit einer Purpurrota, einem mit Zirkel und Purpurtinte gezogenen Kreis, in dem ihr Vorname und der «aus Gottes Gnaden» verliehene Titel geschrieben stand.

Das Jahr 1053 gilt als das entscheidende Jahr bei der Landnahme der Normannen in Unteritalien. Ohne Verbündete und ohne die Unterstützung der Bevölkerung erfochten Richard, Graf von Aversa, Humfried von Hauteville und sein Bruder Robert Guiscard einen glorreichen Sieg über die vereinigten Truppen des Papstes und des Kaisers von Byzanz. Unter den Augen des neuen Reformpapstes Leo IX., der auf den Stadtmauern der kleinen süditalienischen Stadt Civitate den Untergang seines Heeres mitverfolgte, entschied sich das Geschick der zukünftigen normannischen Vorherrschaft im gesamten Mittelmeerraum. In der Person Leos IX. wurde in der Folge das gesamte Papsttum erniedrigt. Obwohl der Chronist Wilhelm von Apulien glaubhaft versichert, dass die Normannen nach der Schlacht vor Leo auf die Knie gesunken seien, ihn um Vergebung gebeten und ihm die Füße geküsst hätten, war der Papst doch in Wahrheit ihr Gefangener. Nur sechs Jahre später, 1059, kam es im Konkordat von Melfi zur erzwungenen Allianz des Papsttums mit den Normannen – ein diplomatisches Meisterstück und ein politisches Schauspiel, aus dem Richard von Aversa formell als Fürst von Capua und Robert Guiscard als Herzog von Apulien, Kalabrien und Sizilien hervorging. Sizilien war zu diesem Zeitpunkt ein muslimischer Satellitenstaat der schiitischen Fatimiden in Kairo. Aber der Anspruch des Papsttums auf dieses Land bestand seit der Konstantinischen Schenkung und wurde jetzt in Melfi mit der Belehnung Roberts untermauert. Pikanterweise erhielten die Normannen ein Lehen, das noch zu erobern war und an dem sie sich nach dem Willen des Papstes die Zähne ausbeißen sollten.

Die frühe Herrschaftsbildung der Normannen im 11. Jahrhundert gründete sich auf ein sippenrechtlich verankertes *Stammes*bewusstsein, das auf der Vorstellung von der Überlegenheit der eigenen Sprache und Sitten beruhte. Spätestens mit Einführung der normannischen Monarchie im Jahr 1130 wird dieses Selbstverständnis durch ein neues *Standes*bewusstsein überlagert, das seine Begründung in einem urzeitlichen, alttestamentarischen Königtum Salomos suchte und den Gottkönig selbst als Lehnsherrn und oberste moralische Instanz an die Spitze des an sich ahnenlosen normannischen Staatengebildes stellte. Dieses neue Standesbewusstsein spiegelt sich in den einzigartigen Mosaik- und Ausstattungsprogrammen der Kirchengründungen wider, die unter Roger II. und seinem Enkel Wilhelm II. als dynastische Grablegen konzipiert wurden: Cefalù (1148) und Monreale (1177). Für seine Grablege in Cefalù gab Roger II. im Jahr 1145 zwei monumentale Sarkophage und Baldachine aus antikem Porphyr in Auftrag: der eine Sarkophag war für seine sterblichen Überreste bestimmt, der andere sollte leer bleiben, «als Zeichen und zur Erinnerung an meinen Namen».

10. Palermo im 12. Jahrhundert – Die neue Residenz

Das Areal, auf dem sich in Palermo heute der Palazzo Reale erhebt, war seit Beginn des 12. Jahrhundert eine der größten Baustellen Europas, die mehr als 80 Jahre bestand. Bis heute versucht die Forschung einen «Urzustand» zu rekonstruieren. Doch lassen sich nur Stein für Stein einzelne Bauphasen aus dem heutigen Monument herauslesen. Lange bevor Restaurierungen, Modernisierungen, Konservierungen und Rekonstruktionen (die vom Spätmittelalter bis in das 20. Jahrhundert kein übergreifendes Gesamtkonzept besaßen) den Bau veränderten, entstand ohne Bebauungsplan Trakt für Trakt ein einzigartiges Ensemble unterschiedlich genutzter Gebäude (siehe hintere Umschlaginnenseite).

Die Entwicklung dieses Ensembles zu einer Einheit beschrieb nach dem Tod des letzten legitimen Normannenkönigs, Wilhelm II. (gest. 1189), der Chronist Hugo Falcandus. Er bezeichnete den Palast als «Kopf», der die Stadt und deren Viertel wie die Glieder eines menschlichen Körpers beherrscht. Das «Rückgrat» der Stadt bildete seit arabischer Zeit der Cassaro. Parallel zu dieser Straßenachse, die in nordöstliche Richtung bis zum Hafen führte, wurden die Wohntürme und die Kapelle der neuen normannischen Palastanlage ausgerichtet. Wir müssen hier ein sehr frühes städtebauliches Konzept voraussetzen.

Beschreibungen vom Mittelalter bis in die Gegenwart orientierten sich an dem Bild, das das *Castellum superius Panormitanum* (die «obere Burg» auf dem Stadthügel im Gegensatz zur «unteren Burg» am Hafen) von der Stadt aus bot: ein 150 Meter breites unregelmäßiges Polygon mit mindestens zwei Wohntürmen (die Torre Greca im Süden, die Torre Pisana mit der Staatskasse im Norden) und dazwischen, der Stadt zugewandt, die Privatgemächer des Königs (Joharia); hinter und seitlich der Joharia befanden sich nach Hugo Falcandus die *mansiones*, Wohnquartiere für die Damen und die Eunuchen des Hofs, außerdem *alia palatiola*, Empfangshallen für den König und seine engsten Vertrauten. Dazwischen lagen nach der Schilderung des andalusischen Reisenden Ibn Dschubair «Vorplätze, Tore, Innenhöfe». Die Palastkapelle taucht als markanter Punkt der Palastfassade in den mittelalterlichen Beschreibungen nicht auf. Daraus ließe sich schließen, dass weder Kuppel noch Glockenturm nach außen in Erscheinung traten.

Nur wer Zutritt zum Palast erlangte und durch das für Besucher absichtlich verlängerte Labyrinth geführt wurde, bemerkte die stufenartige Anlage der Räume, die sich von Süden nach Norden, vom Eingangsniveau bis zum Thronsaal in der Torre Pisana (heute Büro des Regionalparlamentspräsidenten), über drei Stockwerke erhoben. Die Wichtigkeit der Repräsentationsräume nahm von Süden nach Norden zu. Die Ursache war das neue Selbstverständnis, die *regalità* des normannischen Königs. Der Grund waren *nicht* die natürlichen Bedingungen des Terrains, denn der Palast steht nicht, wie in der Forschung behauptet, auf einem felsigen Untergrund, sondern auf einer mehr als 8 Meter hohen Schuttschicht älterer Bauten.

Das Gebäude, das der Graf und spätere erste Normannenkönig Roger (II.) um 1105 auf dem Hügelrücken zwischen den Niederungen der Flüsse Kemonia (1557 umgeleitet) und dem Papyrusfluss Papireto (ab 1489 trockengelegt) vorfand, war jedoch keine islamische Palastanlage. Vielmehr handelte es sich um ein befestigtes, schmuckloses Soldatenquartier, den *Mo'aschar*. Schon 937 hatte der kalbidische Emir ein befestigtes Regierungsviertel erbauen lassen, die *Khálisa* (Kalsa), die «Auserwählte». Es erstreckte sich von der heutigen Piazza Marina bis zum Palazzo Butera im Osten und zur Piazza Vittoria allo Spasimo im Süden.

Der normannische Chronist Wilhelm von Apulien bezeugt, dass eine der ersten Maßnahmen nach Einnahme des islamischen Palermo durch Robert Guiscard im Januar 1072 die Verstärkung der bestehenden Befestigungsanlagen war. Zweifellos waren die arabische Hafenzitadelle und der Mo'aschar, die Kaserne in der Oberstadt, gemeint. Die Oberstadt erhielt nun den Namen «Galca», was auf die alte arabische Bezeichnung *Khalqah*, die «Ummauerte», zurückging.

Die dringlichste Baumaßnahme muss an der Stelle vorgenommen worden sein, wo sich an der Rückseite des Palastes seit dem 5. Jahrhundert v. Chr. ein wichtiges Ausfalltor nach Westen in das fruchtbare Hinterland befand: die *Bab-ar-riyad*, das Tor der Gärten. Das Tor wurde 1984 unterhalb der Ausstellungsräume der Sale Duca di Montalto in einer Tiefe von etwa 8 Metern unter dem Erdgeschossniveau des heutigen Palastes ausgegraben. Keramikfunde lassen vermuten, dass es noch in arabischer Zeit benutzt wurde. Entlang dem phönizisch-hellenistischen Mauerverlauf errichteten die Normannen auf demselben Bodenniveau eine durchgehende Außenmauer, in die das Tor verbaut wurde. Das ist die einzige nachweisbare Stelle im gesamten Palastareal, an der die Normannen keine Vorgängerbauten als Fundamente benutzten und direkt auf dem kalkigen Felsboden der Stadt ansetzten.

II. Kampf um die Throne der Apostelfürsten

König Roger erhielt von Gegenpapst Anaklet II. (Petrus Pierleone) im September 1130 sein Krönungsprivileg und wurde am Weihnachtstag 1130 in der alten Kathedrale von Palermo gekrönt. Damit rückte Sizilien weiter als die übrigen normannischen Territorien Süditaliens in den Brennpunkt der europäischen Machtpolitik. Nachdem Roger dem Papst den Lehnseid geleistet und im Gegenzug die Lehnsfahne empfangen hatte, ließ Anaklet ein Privileg verfassen, das Roger und seinen Erben die Krone des «Königreichs Sizilien, Kalabrien und Apulien» zuerkannte, wobei Sizilien als *caput regni*, als «Haupt des ganzen Königreichs», seine Sonderstellung bewahrte. Zur selben Zeit, im Oktober 1130, erkannte der deutsche König und spätere Kaiser Lothar Papst Innozenz II. als rechtmäßigen Nachfolger auf dem Stuhl Petri an. Damit wendete sich das Blatt für den Gegenpapst und Normannenfreund Anaklet. Die Macht lag nun bei Innozenz II., der auf allen Ebenen der Macht einen absoluten, imperialen Anspruch gegenüber seinem königlichen Rivalen in Palermo entwickelte.

Ende März 1139 eröffnete der kaiserfreundliche Papst Innozenz II. (Gregor Papareschi) das Zweite Laterankonzil. Nach der Exkommunikation des Normannenkönigs zog Innozenz II. gegen Roger II. zu Felde und erlitt bei Mignano am 22. Juli 1139 eine vernichtende Niederlage, die zu seiner Gefangennahme führte. Der Chronist Falco von Benevent berichtet von den mehrtägigen Verhandlungen und von der erzwungenen Belehnung Rogers und seiner Söhne Roger und Anfusus durch den Papst. Erzbischof Romoald von Salerno, der später zum engsten Vertrauten am Normannenhof aufstieg, betont in seiner Chronik, welch geringe Begeisterung der Papst zeigte, als Roger wünschte, sich in voller Proskynese vor dessen Thron hinzustrecken und «zu Füßen seines Herrn» ein Demutsritual zu zelebrieren. Roger muss die Geschichte seines Onkels Robert Guiscard vor Augen gehabt haben, als dieser 1053 vor Leo IX. dasselbe Schauspiel inszenierte, um den Papst lehnsrechtlich an sich zu binden.

Ein Kuckucksei legte Innozenz II. seinem Rivalen dennoch ins Nest: Die Normannen durften sich ab jetzt Könige «Siziliens», aber nicht mehr Könige «Kalabriens und Apuliens» oder gar «Italiens» nennen, wie sie das noch in Urkunden zwischen 1130 und 1139 getan hatten. Bis zu seinem Tod verweigerte Innozenz dem verhassten Roger die Legitimation als König, indem er vorgab, 1139 zu der Investitur genötigt worden zu sein. Auch die Nachfolger Innozenz' auf dem Heiligen Stuhl, Coelestin II., Lucius II. und Eugen III., versagten Roger die bei jedem Pontifikatswechsel erforderliche Erneuerung der Investitur. Erst Rogers Sohn Wilhelm I. verwandelte nach der Gefangennahme Papst Hadrians IV. im Jahre 1156 – ein Coup, mit dem er Robert Guiscard und seinem Vater Roger in nichts nachstand – den rechtlosen in einen kirchen- und staatsrechtlich geduldeten Status quo.

Roger muss Kenntnis von zwei Porphyrthronen gehabt haben, die in Rom im Lateranpalast vor der Kapelle des heiligen Sylvester aufgestellt waren. Sie werden zuerst in der Lebensbeschreibung des Papstes Paschalis II. (1099–1118) erwähnt, eines Zeitgenossen des jungen Normannen Roger II. An der Südflanke der Lateranbasilika vor dem Portal der Sylvester-Kapelle standen zwei schwere Thronsessel. Sie galten als die Amtssessel, auf denen die beiden Apostelfürsten Petrus und Paulus ihre Ämter ausgeübt hatten und auf denen nun die Investitur des Papstes als weltlicher Herrscher stattfand.

Dem Portal der Kapelle des heiligen Sylvester war als Pseudoportikus ein Torbogen vorgeblendet, der durch zwei Porphyrsäulen gestützt wurde. Über dem Bogen war ein Christusbild angebracht. Der Papst setzte sich zunächst auf den einen Porphyrthron und erhielt einen Gürtel, an dem die Schlüssel und das Siegel Petri hingen. Anschließend setzte er sich auf den danebenstehenden Porphyrthron und erhielt den Hirtenstab, die *ferula*, ursprünglich eine Rute, die das Papsttum als höchste politische und moralische Instanz auszeichnete. Die zweifache Inthronisation veranschaulichte das doppelte Prinzipat der Apostelfürsten Petrus und Paulus. Auf ihren Thronen empfing Paschalis den Treueeid seiner Vasallen und Palastbeamten.

Das alles muss Roger gewusst haben. Aber nicht nur er, sondern auch sein päpstlicher Gegenspieler Innozenz II. Denn die beiden Porphyrthrone, die Innozenz inzwischen in den Lateranpalast hatte transportieren lassen, spielten in dem Machtkampf zwischen Innozenz II. und Anaklet II. um die Übernahme des Pontifikats eine wichtige symbolische und propagandistische Rolle. In einem Brief von 1130 beklagen die Kardinäle Innozenz' II., dass die bewaffneten Schergen des Anaklet am 16. Februar 1130 den Lateranpalast gestürmt und die päpstlichen Throne auseinandergenommen hätten. Der in dem Brief geschilderte Vorgang lässt eher auf eine verunglückte Demontage als auf eine vorsätzliche Zerstörung schließen.

Auffällig ist, dass Roger II. seine Ernennungsurkunde von Anaklet II. im September 1130 erhielt. Drei Monate später wurde er in Palermo gekrönt. Die Krönungsvorbereitungen müssen also im Februar desselben Jahres schon in vollem Gang gewesen sein, als die Plünderung des Laterans in Auftrag gegeben wurde. Nach Auswertung aller Indizien liegt es nahe, in der Person des Auftraggebers für den Raub der beiden Porphyrthrone Roger II. zu erkennen. Allerdings schweigen sich die normannischen Quellen über die Ankunft dieser Trophäen in Palermo aus, die bereits die Qualität von Reliquien besaßen. Stellen wir in Rechnung, dass ein öffentlicher Raub dem Image Rogers, der sich in diesen Jahren schon den wenig schmeichelhaften Beinamen *rex tyrannus*, Tyrannenkönig, erworben hatte, nicht förderlich gewesen wäre, so muss doch daraus geschlossen werden, dass die Aktion letzten Endes misslang. Alle Indizien sprechen dafür, dass es Rogers Absicht gewesen sein muss, die beiden Porphyrthrone in seiner neu erbauten Hofkapelle, der Cappella Palatina, in Palermo aufstellen zu lassen, wahrscheinlich unter einem ähnlichen porphyrenen Baldachin, wie er ihn 15 Jahre später für seine Grablege in Cefalù in Auftrag geben sollte.

Blick in die Cappella Palatina, Palermo, 1140

Die Palastkapelle wurde im Jahre 1140 geweiht. Die Geschichte ihrer Umbauten ist auch die Geschichte der normannischen Dynastie. Vor allem die Entwicklung der Mosaikausstattung und des liturgischen Inventars geben einen Einblick in das Hofzeremoniell und das Selbstverständnis der drei Bauherrn Roger II. (gest. 1154), Wilhelm I. (gest. 1166) und Wilhelm II. (gest. 1189). Drei wichtige Ereignisse, die die Cappella Palatina direkt betreffen, waren die Trauerfeier Wilhelms I. anlässlich des Todes seines erstgeborenen Sohns Roger 1161, die Grablege Wilhelms I. 1166 und schließlich die Hochzeitsfeier Wilhelms II. 1177, bei der die junge Königin, Johanna von England, in der Kapelle gekrönt wurde. Die auf Silbergrund mosaizierte griechische Inschrift am Kuppelfuß bezeichnet den Stifter König Roger als «Beherrscher des Szepters».

12. Die Falken des Kaisers: Friedrich II. von Hohenstaufen

Als 1189 der letzte legitime Normannenkönig Wilhelm II. kinderlos starb, trat die Fehleinschätzung des normannischen «gottgleichen» Herrschertums gegenüber der Realität offen zu Tage. Wilhelm II. hatte sich und der siculo-normannischen Dynastie mit repräsentativen Monumentalbauten wie dem Dom von Monreale in den Bergen westlich von Palermo ein Denkmal gesetzt. Wilhelms Krönungskirche sollte auch die neue dynastische Grablege der Normannen werden, in der der Stifter seine Mutter Margarethe von Navarra, seinen Vater Wilhelm I. und seine beiden Brüder bestatten ließ. Auf Drängen des Erzbischofs von Palermo, Gualterius Offamilius (Walter of the Mill), arrangierte der kinderlose Wilhelm II. 1186 eine Heirat zwischen seiner Tante Konstanze, der jüngsten Tochter König Rogers II., und dem deutschen Stauferkönig Heinrich VI. (1165–1197). Nach Wilhelms Tod war der Staufer auch bereit, die Regierung in Palermo zu übernehmen. Doch unterschätzte er die Macht der sizilischen Landbarone, die immer auf den Erhalt ihrer angestammten Rechte achteten und stets ein Unruhefaktor im Machtgefüge des Königreichs darstellten. Auch die Erbfolge Heinrichs war juristisch nicht eindeutig; darauf achtete seine Frau, die Normannin Konstanze. Zudem spielte auch der Papst auf Zeit, weil er eine Ausdehnung des Römischen Kaiserreichs bis Sizilien unter allen Umständen verhindern wollte. So entstand mit dem Tod Wilhelms II. 1189 ein Machtvakuum, von dem nun alle angezogen wurden, die sich bisher nur an der Peripherie des sizilischen Königreichs bewegen konnten. Dazu gehörte der ehemals verbannte und später rehabilitierte Tankred von Lecce, der illegitime Enkel Rogers II.. Papst Clemens III. zögerte nicht, Tankred als rechtmäßigen Nachfolger auf dem normannischen Königsthron anzuerkennen. Aber als Tankred 1194 überraschend starb und nur einen minderjährigen Sohn hinterließ, nutzte der 1191 zum Kaiser gewählte Heinrich die Gelegenheit, in das normannische Königreich einzufallen und sich – wie einst König Roger II. – am Weihnachtstag in Palermo zum König von Sizilien krönen zu lassen. Es hatte sich nun erfüllt, was Clemens III. verhindern wollte: Sizilien war ein Anhängsel des Deutschen Reichs geworden. Das Papsttum sah sich vom Heiligen Römischen Reich territorial eingekreist. Um die Erbfolge in Deutschland zu sichern, ließ Heinrich seinen zweijährigen Sohn Friedrich II. am Weihnachtstag 1196 zum deutschen König krönen. Er selbst starb bei einem Jagdausflug in Sizilien im November 1197. Die Normannin Konstanze trat nun bis zu ihrem eigenen Tod ein Jahr später das Interregnum als Königin von Sizilien an. Weise vorausschauend wartete sie nicht bis Weihnachten als traditionellem Krönungstermin, sondern arrangierte innerhalb eines halben Jahres ihrer Regentschaft im Juni 1198 die Krönung ihres vierjährigen Sohnes Friedrich II. zum König von Sizilien.

Die Geschichte sollte sich wiederholen. Am 25. Juli 1215 empfing Friedrich II. in der Aachener Pfalzkapelle die Königswürde des deutschen Reichs, als eine Depesche den königlichen Hof in Messina erreichte. Dort weilte Friedrichs Frau, Konstanze von Aragon, mit ihrem vierjährigen Sohn Heinrich (VII.).

Friedrich hatte vor seiner Abreise nach Deutschland 1212 Heinrich zum König von Sizilien krönen lassen und Konstanze für die Zeit seiner Abwesenheit die vormundschaftliche Regierung des Königreichs übertragen. Die Depesche enthielt die Anweisungen Friedrichs zur Einrichtung einer staufischen Grablege in Palermo. Eine Urkunde von September 1215 belegt, dass Friedrich II. dem Bischof von Cefalù eine Immobilie als Ausgleichszahlung für zwei Porphyrsarkophage schenkte, die auf Befehl des Königs unverzüglich von Cefalù nach Palermo gebracht werden sollten: «für seine und seines Vaters Grabstätte». In der Forschung konnte nachgewiesen werden, dass es sich um die Porphyrsarkophage handelte, die heute im Dom von Palermo die sterblichen Überreste der beiden Stauferkaiser enthalten. Der Normannenkönig Roger II. hatte sie 1145 für seine dynastische Grablege in der Kathedrale von Cefalù anfertigen lassen. Gegen seinen Willen wurde er darin nie bestattet.

Friedrich ging in Aachen noch einen Schritt weiter: Nur zwei Tage nach seiner Krönung ließ er die Gebeine Karls des Großen in einen von Friedrichs Großvater in Auftrag gegebenen Silberschrein umbetten und mit einem Seidentuch umhüllen, das in normannischer Zeit von jüdischen Färbern und muslimischen Webern in Sizilien angefertigt worden war. Das Bildprogramm des Reliquiars zielte auf die Legitimation Friedrichs II. als Vertreter eines neuen universellen Königtums und eines Goldenen Zeitalters, das mit ihm einsetzte und in der Figur Christi kulminierte. Das war die Ideologie seines normannischen Onkels aus Palermo, König Wilhelms II. Deshalb konnte die Idee des normannisch-islamischen Grabtuchs für den – 814 gestorbenen und 1165 heilig gesprochenen – römisch-deutschen Kaiser und Kreuzfahrer Karl nur von Friedrich II. stammen. In der Regel waren solche Tücher Teile ehemaliger Seidentuniken aus normannischer Zeit, die in friderizianischer Zeit umgearbeitet wurden. Der Grund dafür lag einerseits darin, dass die Gewänder aufgrund ihrer altehrwürdigen Verwendung als Herrscherinsignien verschlissen waren und selbst als Reliquien angesehen wurden; andererseits wussten Handwerker und Auftraggeber nicht mehr zwischen Hof- oder Gebrauchskunst zu unterscheiden. Sie verstanden nicht mehr, welche Bedeutung die Bildmotive, Ornamente und arabischen Schriftzeichen ursprünglich besessen hatten. Oft wurden komplizierte arabische Flechtbandornamente – wie an den sogenannten Samitstrümpfen Wilhelms II. in der Wiener Schatzkammer – zu «modernen» Vierpassmustern umgedeutet. Oder alte islamische Motive wie Granatapfel- und Falkenornamente wurden in vergrößertem Maßstab entworfen. Oft wurden Falken zu heraldischen Adlern uminterpretiert, was bis heute bei Kunsthistorikern zu Missverständnissen führt. Es waren diese «modernen» friderizianischen Falkenstoffe, durch die das Motiv des Hofmanns als Falkner in der westlichen Malerei und Textilmanufaktur bis in das späte 15. Jahrhundert Verbreitung fand.

Die Wirtschaft Siziliens florierte 1215 nicht mehr. Ein Indikator dafür ist das Kunsthandwerk. Vor allem die einträgliche Seidenweberei sah sich harter Konkurrenz aus Mittelitalien ausgesetzt. Spezialisten aus dem toskanischen Lucca waren um 1200 von Sizilianern in das lange gehütete Staatsgeheimnis der Seidenweberei eingeweiht worden. Ganze Betriebe wurden in der Folge mitsamt den eingerichteten Webstühlen ins Ausland verkauft. Die Industrialisierung schritt auch an Maas und Niederrhein voran. Die Arbeitsprozesse von der Produktion der Rohware bis zum Vertrieb wurden nach Mittel- und Oberitalien verlagert. Die «Lucchesi» arbeiteten die siculo-islamischen Textilmuster um, was dem internationalen Geschmack entgegenkam, und kombinierten sie mit Medaillons im sassanidisch-orientalischen Stil. Modern waren Diasperstoffe mit versetzten Reihen aus Vogelpaaren und großen Lotospalmetten.

Die Produktion in den einst geheimen Hofwerkstätten in Palermo war dagegen rückläufig. Die Schatzkammer in der Torre Pisana des Normannenpalasts leerte sich zunehmend. Einige Stücke wie Seidenstoffe, Teppiche und Goldschmiedearbeiten wurden von Friedrich und seinem Sohn Manfred im Feldlager mitgeführt und gingen wie die Urschrift des berühmten Falkenbuchs unwiederbringlich verloren. Die farbig illustrierte Prachthandschrift *De arte venandi cum avibus* (*Über die Kunst mit Vögeln zu jagen*) wurde zusammen mit dem mitgeführten

Staatsschatz während der Belagerung der oberitalienischen Stadt Parma 1248 vom Feind erbeutet und aufgeteilt. Ein ähnliches Schicksal erlitt die zehn Jahre später von Friedrichs Sohn Manfred (1231–1266) erstellte Zweitschrift des Falkenbuchs, als er gegen Karl von Anjou 1266 die Schlacht von Benevent verlor. Dieses Mal wurde der Prachtcodex als Siegestrophäe an den Meistbietenden verkauft. Sie wird heute in der Vatikanischen Bibliothek aufbewahrt und ist in mehreren Abschriften erhalten geblieben.

Im Jahr 1223 verlegte Friedrich II. seine Residenz nach Apulien. Seitdem bezog er seine Juwelen und Stoffe nicht mehr aus Palermo. Für 1225 lässt sich ein Auftrag Friedrichs für eine neue goldene Krone nachweisen, der an eine venezianische Werkstatt ging. 1239 bestellte Friedrich in Venedig unter anderem einen Thron. Reiserechnungen der Jahre 1239 und 1240 belegen, dass viele Kunsthandwerker, darunter auch muslimische Weber, mit ihren Werkstätten von Sizilien nach Apulien an die Ostküste Italiens übersiedelten. Damit war das Ende der sizilischen Wirtschaft gekommen. Die insulare, von Interkulturalität geprägte Infrastruktur zwischen Muslimen, Juden und Christen funktionierte nicht mehr. Zwar versuchte Friedrich noch einmal, die Seidenindustrie im Königreich Sizilien durch erweiterte Privilegien und Steuerbefreiung zu stützen. Handelsbeschränkungen wurden gelockert, syrische und ägyptische Rohware wie Leinen und Seide konnte nun importiert und auf einer eigens gegründeten Handelsmesse in Bari steuerfrei verkauft werden. Aber die Feinheit in der Endfertigung wie zum Beispiel in der arabischen Bortenweberei oder in der Filigrantechnik war verloren gegangen. Außerdem hatten sich die Handelsrouten im Mittelmeerraum verändert. Nach dem Ende des Normannenreichs kontrollierten Genuesen, Pisaner und Venezianer die internationalen Handelsrouten, die ihre Kontore zunehmend in den östlichen Mittelmeerraum verlegten. In den 1231 erlassenen Konstitutionen von Melfi schrieb Friedrich ein Staatsmonopol für jüdische Seidenfärber fest, die sich im apulischen Trani niederlassen sollten, was den Niedergang des Handwerks auf Sizilien weiter beschleunigte. Er berief staatliche Steuereintreiber, die die gesetzlich vorgeschriebenen Abgaben kontrollieren sollten. Dem Versuch, die Korruption durch härtere Gesetze einzudämmen, war nur ein bescheidener Erfolg beschert, solange die Gesetze nicht konsequent umgesetzt wurden und Privilegien soziale und ethnische Spannungen in der Bevölkerung hervorriefen.

13. Die Juden in Sizilien: Integration und Exodus (1492)

Im Jahr 1149 stiftete der Hofkleriker Grisandus in Palermo einen Marmorgrabstein mit wertvollen Einlegearbeiten aus Goldglas und Porphyr für die Grabkapelle seiner Mutter. Er ließ rund um die griechische Anrufungsformel «Christus wird siegen» vier Inschriften in unterschiedlichen Sprachen, aber gleichen Inhalts eingravieren. Im oberen Viertel des Grabsteins befindet sich eine hebräische Inschrift, die die damalige arabische Umgangssprache der jüdischen Gemeinde mit hebräischen Buchstaben widergibt. An zentraler Stelle der hebräischen Inschrift wird die verstorbene Mutter des Stifters, Anna, mit der Mutter Mariens verglichen, die als «Mutter des Messias» bezeichnet wird. Derselbe Vergleich findet sich in der arabischen Fassung im unteren Viertel des Epitaphs wieder, nicht dagegen in der lateinischen und griechischen. Die genannte Rolle Mariens als Mutter Gottes offenbart die Brisanz, die es hatte, wenn christliche Inhalte in islamische Formen gegossen wurden. Maria wird im Koran stets nur als Jungfrau oder Mutter bezeichnet, aber niemals als Gottesmutter, da ihr Sohn nicht Gottes Sohn ist. Der Begriff «Messias» hingegen war Juden und Muslimen verständlich. Deshalb kann es sich bei den Adressaten der arabischen und hebräischen Inschriften nur um *ehemals* muslimische und jüdische Araber gehandelt haben, die zum Christentum konvertiert waren. Nichtchristen wäre der Zutritt zu einer christliche Kirche ohnehin verwehrt gewesen. Während die Juden in Sizilien vor der islamischen Eroberung noch Griechisch

Der viersprachige Grabstein des Grisandus, 1149, Zisa, Palermo

sprachen, war ihre Umgangssprache jetzt Arabisch. Möglicherweise stammte Grisandus (Chrysanthos) aus einer indigenen griechisch-jüdischen Familie Siziliens. Möglich wäre aber auch eine Verbindung zu den im Auftrag Rogers II. 1147 aus Korinth und Theben verschleppten jüdischen Seidenwebern. Bis in die späte Regierungszeit Rogers II. war eine gewisse Toleranz gegenüber den Juden Siziliens und Unteritaliens vorherrschend, wobei es sich um eine «pragmatische» Toleranz handelte, die nicht mit dem neuzeitlichen Toleranzbegriff verwechselt werden darf, der eine Erfindung der Aufklärung ist. Toleranz wurde da geübt und sogar gefördert, wo es der Wohlfahrt des Staates nützte. Hass auf die Juden schürten allein die «Lombardi», Siedler aus dem Piemont, die keinen Umgang mit anderen Volksgruppen kannten.

Bis in das dritte Viertel des 12. Jahrhunderts wurde der Welthandel im Mittelmeerraum von jüdischen Kaufleuten bestimmt.

Sie besaßen Handelskontore in Ägypten, Nordafrika (Ifríqiyah) und Andalusien.

Einen einzigartigen Schatz mittelalterlicher Quellen, die sich auf Sizilien als wichtiges Zentrum des Mittelmeerhandels beziehen, stellen die Ende des 19. Jahrhunderts in der Ben Ezra Synagoge in Fustat (Altkairo) entdeckten Genizah-Dokumente dar. Eine *genizah* ist der Archivraum, in dem alte, meist religiöse Schriften aufbewahrt werden, die nach jüdischer Tradition nicht ausgesondert werden dürfen. Eine 1991 erschienene Auswahledition von Texten, die von den Juden in Sizilien im Jahr 1068 handeln, bereitet mehr als 120 Manuskripte auf, bestehend aus Privatbriefen, juristischen Dokumenten und der Korrespondenz zwischen Kaufleuten und muslimischen Hofbeamten Siziliens in hebräischer, arabischer und jüdisch-arabischer Schrift. Oft erwähnt wird in diesen Dokumenten die Stadt Palermo, allerdings nicht unter ihrem Namen *Balárm*, sondern unter dem schmückenden Beinamen *Madinat Siqilliya*, Hauptstadt Siziliens. Erst seit der Ankunft der Normannen im Jahre 1072 findet sich in den Rechnungen und Briefen immer öfter der Name Palermo. Auch der Ort Mazara del Vallo findet wiederholt Erwähnung, weil es der Hauptverladehafen für Güter von und nach Ägypten und Nordafrika war.

Den Genizah-Dokumenten lässt sich entnehmen, dass sich die sizilianischen Juden auf den Handel mit Luxusgütern spezialisiert hatten. Darunter befanden sich tropische Hölzer, Lapislazuli und Rohstoffe zum Färben von Textilien, auch fertig verarbeitete Textilien wie Turbane, Schals und Decken. Seidenstoffe wurden sowohl importiert als auch exportiert. Die Höfe in England, Frankreich und Burgund, aber auch die Signoria in Venedig und Siena investierten in Seidenstoffe, die als Wertanlagen in staatlichen Schatzkammern lagerten. Es sind Handelsreisen von sizilianischen Juden dokumentiert, die von Sizilien über Nordafrika (Ifríqiyah) durch das Rote Meer den Jemen erreichten und in einigen Fällen sogar bis Indien kamen. Sizilien blieb der Hauptexporteur für Baumwolle und Tierfelle, die als Rohmaterial oder halbverarbeitet nach Nordafrika verschifft wurden. Im Zuge der zwischen 1224 und 1246 vorgenommenen

Umsiedlungsaktionen der sizilianischen Muslime ins apulische Lucera durch Friedrich II. verloren auch viele arabisch sprechende Juden ihre Heimat und ihre Arbeit. Ein weiterer Grund für die Abwanderung sizilianischer Juden könnte darin liegen, dass sich unter ihnen etliche Konvertiten befanden, die vom Christentum zum Judentum übergetreten oder dahin zurückgekehrt waren. Im Schutz der jüdischen Gemeinden hatten sie sich Handelsprivilegien und damit eine bessere ökonomische Position erhofft. Die Genizah-Dokumente zeigen, dass das Konvertitentum im frühen 13. Jahrhundert ein Phänomen im gesamten Mittelmeerraum war. Jedoch wurden die zum Judentum Konvertierten im Gegensatz zu den islamischen Reichen Nordafrikas und Andalusiens im Königreich Sizilien mit Enteignung und Vertreibung bestraft. Die Kontrolle der alten Handelsrouten übernahmen nun christliche Patrizier aus Venedig, Pisa und Genua. Die jüdischen Händler erhielten von den christlichen Magnaten keine ökonomische und politische Rückendeckung mehr, um den Gewürzhandel über Ägypten und den Jemen bis nach Indien und zurück aufrechterhalten zu können. Dieser wurde nun vor allem auf dem Landweg von muslimischen Kaufleuten und nordafrikanischen Nomaden bestritten. Die verbliebenen Juden in den größeren Städten Siziliens konzentrierten sich zunehmend auf das Handwerk in Familienbetrieben. Als der jüdische Reisende Benjamin von Tudela um 1160, sechzig Jahre oder zwei Generationen vor den Repressionen, Sizilien bereiste, zählte er in Messina noch 200, in Palermo sogar 1500 Juden. Nach 1246 übernahmen davon viele die Handwerksbetriebe der vertriebenen oder deportierten Muslime. Darunter befanden sich zahlreiche Goldschmiedewerkstätten, weshalb sich viele Juden nun auf den Handel von Gold und Silber spezialisierten.

Die Juden Siziliens hatten schon in islamischer Zeit die liturgischen und sozialen Praktiken jüdischer Gemeinden in Nordafrika adaptiert. Diese Offenheit unterschied sie von den übrigen jüdischen Gemeinden in Europa und stärkte die internationalen Beziehungen über das Mittelmeer hinweg. Jetzt schlossen sich die Gemeinden zu immer kleineren Verbänden zusammen, die krampfhaft an ihren alten Traditionen festhielten. Nach dem Urteil Abulafias pflegten sie deshalb nicht nur weiter die arabische Sprache, sondern auch Praktiken wie Kinderheirat und Polygamie. Als Friedrich II. 1221 auf Sizilien die Kennzeichnungspflicht für Juden (und Prostituierte) verfügte, berief er sich auf eine Praxis, die schon im 9. Jahrhundert die muslimischen Herrscher für Christen und Juden in Sizilien eingeführt hatten. Als «servi regis», Knechte ihres Königs, mussten die Juden des Königreichs Sizilien nicht nur eine Kopfsteuer zahlen, die *jizyah*, sondern sie genossen auch den direkten Schutz des Königs. Friedrich übernahm von seinen normannischen Vorfahren die Idee, dass die jüdischen Gemeinden und ihr Besitz Eigentum ihres Königs seien. So suchten die Juden von Syrakus beim Bischof, dem Vasallen des Königs von Sizilien, darum nach, ihren Friedhof vergrößern zu dürfen. Für eine Zahlung in Form einer jährlichen Olivenöllieferung verpachtete der Bischof ihnen das nötige Land. Damit waren die Juden selbst Vasallen des Königs. Der Königsschutz der Juden wurde auch als Begründung für das Verbot angeführt, Waffen zu tragen. In einer Bulle von 1205 schrieb Papst Innozenz III. die ewige Knechtschaft der Juden (*perpetua servitudo*) für die christliche Kirche fest. Das Papsttum zielte darauf ab, die Juden trotz oder wegen ihrer unterschiedlichen Religionszugehörigkeit der Lehnshoheit des weltlichen Machthabers zu entziehen. Das aber war gerade im Königreich Sizilien unmöglich, weil auch die Kleriker Vasallen des Königs waren. Schließlich dehnte Friedrich II. das Servitut auf das gesamte Heilige Römische Reich aus. Berühmt ist sein Privileg von 1236, in dem er die deutschen Juden in einer rhetorisch brillanten Beweisführung von dem Vorwurf freispricht, das Blut christlicher Knaben für rituelle Zwecke zu verwenden. Es «sollen alle wissen, dass sie nicht zögern sollen, uns anzuzeigen, wer auch immer sich den Juden, unseren *Knechten*, gegenüber entgegenkommend und wohlwollend verhält, wohingegen die anderen, die gegen die gegenwärtige Urkunde unserer Bestätigung und unseres Freispruchs zu verstoßen wagen, die Ungnade unserer Erhabenheit auf sich ziehen werden.» Mit diesem Privileg stellte sich der Kaiser gegen den Papst.

Friedrich konnte allerdings keinen neuen Konfliktstoff mit der Kirche brauchen. Und im Grunde ging es ihm nur in zweiter Linie um den Schutz der Judengemeinden im deutschen Reich. Der Freispruch stellte vor allem eine weitere protektionistische Maßnahme zur Erhaltung der dahinsiechenden sizilischen Seidenindustrie dar. Nach der Vertreibung der muslimischen Bauern lagen auch die ehemals fruchtbaren Felder in Sizilien brach. Kaiserliche Regesten von 1239 und 1240 offenbaren Friedrichs Plan, jüdische Siedler von der Insel Dscherba in das Umland von Palermo umzusiedeln, um Dattelpalmen, Indigo und Henna anzubauen «und anderes Saatgut, das in Nordafrika wächst und jetzt in Sizilien nicht mehr anzutreffen ist». Allerdings unterlagen die Pachtverträge für die Palmenplantagen strikten Zeitbeschränkungen von maximal fünf oder zehn Jahren. Den neuen jüdischen Siedlern aus Afrika wurde sogar der Neubau von Synagogen gewährt, ein Privileg, das die Juden seit normannischer Zeit nicht mehr kannten. Auch gab es keine Ghettos in Süditalien. Die «Giudecche», die Judenviertel, waren Quartiere, in denen die Juden freiwillig zusammenlebten, um ihre Traditionen besser bewahren zu können. In einigen Städten wie zum Beispiel Erice in Westsizilien lebten bis in das frühe 14. Jahrhundert Juden und Christen in gemeinsamen Stadtvierteln und Diözesen.

In den normannischen Quellen werden nur arabische, aber keine jüdischen Gelehrten am Hof erwähnt. Umgekehrt verkehrten am staufischen Hof keine arabischen Wissenschaftler. Intensiver Gedankenaustausch fand zwischen Friedrichs Hof und einem Kreis jüdischer Philosophen, Dichter und Wissenschaftler im spanischen Toledo statt. Es bleibt aber eine Tatsache, dass die jüdischen Gelehrten und Übersetzer in Sizilien, die für den staufischen und später angevinischen Hof arbeiteten, ihr Hebräisch und Arabisch in Spanien oder Südfrankreich gelernt hatten und nicht mehr Muttersprachler im eigentlichen Sinn waren. So konstatierte um 1270 der franziskanische Wissenschaftler Roger Bacon, der im Auftrag des Papstes forschte, dass selbst die Bibelausgabe der Vulgata, die damals an der Artistenfakultät in Paris verwendet wurde, falsch übersetzt worden sei. Die arabischen und hebräischen Texte seien absichtlich verändert, um die Autoren (wie Averroes oder Avicenna) zu diskreditieren und die Wissenschaften insgesamt zu korrumpieren. Dieses Urteil wirft ein Licht auf den prekären Zustand der Übersetzerschulen Siziliens im 13. Jahrhundert. Noch hundert Jahre zuvor waren sie die ersten, die im Auftrag des Hofs ausgezeichnete lateinische Übersetzungen seltener griechischer und arabischer Schriften angefertigt hatten. Dass es in Sizilien auch nach den Pogromen der Anjou und Aragonier im 15. Jahrhundert noch namhafte jüdische Wissenschaftler gab, zeigen die philosophischen und kosmologischen Traktate des Isaac ben Moshe Arama (um 1420–1494), der sich nach der Vertreibung aus Sizilien 1492 in Neapel niederließ. Mit der Übernahme des Königreichs Sizilien durch die Anjou im Jahr 1266 erreichte die Insel der Sturm eines «Anti-Talmud-Fanatismus», der am französischen Hof seinen Ausgang genommen hatte. Dort waren 1240 auf königlichen Befehl die jüdischen Bibliotheken in Brand gesteckt worden. In der Folge schlug Papst Innozenz IV. als Lösung des «Judenproblems» deren Massenbekehrung vor. König Karl I. von Anjou (1220–1285) ordnete Stichvisiten seiner Polizei in jüdischen Häusern an, um den Talmud und andere für das Christentum schädliche Schriften zu konfiszieren. Zwischen 1290 und 1294 sind unter Karl II. von Anjou regelmäßige Gewissenskontrollen dokumentiert, mit denen unaufrichtige Konvertiten aufgespürt werden sollten. Unterstützt von hohen Vertretern des Dominikanerordens wurde 1292 nach einer Gruppe von Juden gefahndet, die sich in die Arabersiedlung Lucera nach Apulien geflüchtet hatten. Die 1289 unter Karl II. erlassenen, bis England reichenden Vertreibungsdekrete hatten einen gewichtigen wirtschaftlichen Grund: Das bankrotte Haus Anjou entledigte sich mit der Vertreibung ihrer Gläubiger auch ihrer Schulden. Dasselbe galt für das Königreich Sizilien, wenn hier auch nicht in dem Maße wie im Norden der Geldverleih durch Juden dokumentiert ist. Der Hass schöpfte seine Substanz aus dem uralten Vorwurf des Wuchers, mit dem die Juden nun in bedrohlicher Weise konfrontiert wurden. Wucher besaß mit Recht den Ruch, die Grundfesten der Gesellschaft zu zersetzen. Doch traf der Vorwurf auch aufstrebende – von Christen geführte – Bankhäuser in Siena, Lucca und Venedig. In jedem Fall konnte die ökonomische Frage schnell zu einer moralischen umgepolt und einmal mehr die Religion instrumentalisiert werden. Nachdem Karl II. von Anjou seit 1284 eine vierjährige Kerkerhaft in einem katalonischen Gefängnis verbüßt hatte, beabsichtigte er gleich zu Beginn seiner neubeanspruchten Regentschaft, ein Exempel zu statuieren. Das Ziel war, sich als gottgewollter Christenkönig und höchster Hüter der Moral in das Buch der Geschichte einzuschreiben. Mit dem Anspruch, der von Gott gekrönte Herrscher Siziliens zu sein, stellte er sich in eine illustre Ahnenreihe im *regnum Siciliae*, das für ihn jedoch eine Utopie blieb.

Die Anjou hatten schon 1282 nach antifranzösischen Aufständen während der Osterfeierlichkeiten in Palermo, der «Sizilianischen Vesper» (*Il vespro Siciliano*), die Souveränität über die Insel verloren. Palermo wurde damals von dem Justiziar Giovanni di San Remigio, einem Minister Karls I., regiert. Am Dienstag nach Ostern bereiteten die Palermitaner außerhalb der Stadt vor der alten Normannenkirche Santo Spirito ein Volksfest vor, zu dem auch die Familie des Justiziars mit einer Reihe bewaffneter französischer Soldaten erschien. Mit dem Ruf «Die Franzosen sollen sterben!» entlud sich eine «spontane Revolution», die von keiner politischen Intrige, sondern allein von dem Verdruss der Sizilianer geleitet wurde, der sich angesichts der fremden französischen Kultur und der ausbeuterischen Steuererhebung im Land angestaut hatte. Allein bei diesem ersten Aufruhr starben zweitausend Franzosen. Im Verlauf der Pogrome, die in kurzer Zeit ganz Sizilien erfassten, sollen Franzosen an ihrer Aussprache italienischer Konsonanten erkannt und niedergemetzelt worden sein: Mit der Klinge am Hals mussten sie das Wort *ciciri* aussprechen. Sprache als Zeichen nationaler Identität gab es im 13. Jahrhundert noch nicht. Dennoch begegnen in der mittelalterlichen Geschichtsschreibung Siziliens immer wieder Ressentiments vor allem gegen das französische und deutsche Idiom (insbesondere in der Zeit des Normannen Wilhelm I. um 1160 und des Staufers Heinrich VI. um 1190).

Aus der Sizilianischen Vesper wurde ein zwanzigjähriger

Krieg zwischen den Häusern Anjou und Aragon, der bis zum Waffenstillstand von 1302 dauerte. Aber schon 1282, übernahmen die Aragonier den Thron Siziliens und besetzten ihn mit einem Repräsentanten des Königs von Aragon. Diese Statthalter führten ab 1415 den Titel eines Vizekönigs. Den jüdischen Gemeinden erging es unter König Friedrich III. von Aragon (1296–1337) zunächst nicht besser. In seinen «Konstitutionen», die er 1310 in Messina erließ und die im Kern bis 1451 gültig blieben, wurde den Juden des Reichs unter anderem untersagt, sich um öffentliche Ämter zu bewerben oder vor Gericht als Zeugen aufzutreten. Auch war es ihnen verboten, soziale Kontakte mit Christen zu pflegen. Jüdischen Ärzten war es untersagt, Christen zu behandeln.

Es dauerte mehr als zweihundert Jahre, bis sich die Situation für die jüdischen Gemeinden besserte. König Alfons V. von Aragon (1416–1458) erließ 1451 einen Gesetzeskatalog (*capitula*), in dem er das öffentliche und private Leben der Juden seines Reichs regulierte. Die Juden blieben die *«servi regiae camerae»*, die Knechte des königlichen Verwaltungsapparats, und unterlagen damit der direkten Jurisdiktion des Königs. Für schwere Vergehen, die die Todesstrafe, Verstümmelung oder eine Geldbuße von mehr als vier Unzen zur Folge hatten, war der *magister secretus*, der höchste Richter, zuständig, der seinen Sitz in Palermo hatte. Alle Delikte geringeren Strafmaßes blieben in der Hand von Regierungsbeamten. Den Juden wurde freie Religionsausübung zugesichert, des weiteren die Pflege ihrer Synagogen und Religionsschulen. Sie erhielten volle Gewerbe- und Niederlassungsfreiheit. Und das Erstaunlichste: Niemand durfte Juden verwehren, christliche Kirchen zu betreten und an der christlichen Messe teilzunehmen. Die alfonsinischen «Capitula» blieben bis 1492 in Kraft. Gewiss waren sie von «pragmatischer» Toleranz geprägt, die auf einer kühlen Kosten-Nutzen-Rechnung beruhte, aber sie künden zum ersten Mal seit normannischer Zeit von der ernsthaften Bemühung, eine gesetzliche Grundlage zur Gleichstellung der jüdischen und christlichen Bevölkerung in Sizilien herzustellen.

Am 18. Juni 1492 wurde in Palermo das «Edikt für Sizilien»

verlesen. Es handelte sich um einen Beschluss König Ferdinands II. von Aragon (1479–1516), in dem der Vizekönig von Sizilien aufgefordert wird, die Ausbürgerung der Juden aus Sizilien mit sofortiger Wirkung und spätestens bis zum 12. Januar 1293 zu vollstrecken. Es ist ein Zynismus der Geschichte, dass Ferdinand das alte Servitut der Juden als Begründung für seine Staatsräson instrumentalisierte: «Und weil die Juden aus eigener Schuld der ewigen Knechtschaft unterliegen ... und aus Mitleid und Gnade von uns geduldet werden, aber undankbar sind und sich nicht ruhig halten, ist es nur richtig, dass sie unsere Gnade verlieren und wie Häretiker behandelt werden. ... Wir befehlen, die Juden aus unserem Königreich zu verbannen und aus allen unseren Ländereien zu vertreiben, den westlichen und den östlichen, den staatlichen und den kirchlichen, alle Juden, männlich oder weiblich, jung oder alt.» Die Juden waren gezwungen, ihren gesamten Besitz aufzugeben. Alle finanziellen Angelegenheiten mussten geregelt, Steuerschulden beglichen werden. Ein mögliches Restguthaben durfte nur in Form eines Bankwechsels ausgeführt werden, da die Ausfuhr von Geld und Tieren verboten war. Das «Edikt für Sizilien» sah vor, dass das Verfahren gegen diejenigen Juden eingestellt würde, die sich bis zum 12. Januar 1493 zum Christentum bekehren und taufen ließen. Wie viele diesem «Vorschlag» folgten, kann aus den zeitgenössischen Dokumenten nur schwer erschlossen werden, da die Konvertiten meist ihre Namen änderten.

14. Die spanischen Vizekönige: Repräsentation und Inquisition

Nach der Vertreibung der Anjou aus Sizilien hatte der König von Aragon, Peter I., einen Statthalter nach Palermo entsandt. Diese Stellvertreter wurden im Laufe des 14. Jahrhunderts mit immer umfangreicheren Privilegien ausgestattet, um die Autorität eines Königs zu wahren, der Sizilien nur aus der Ferne, von Spanien aus, regierte. Der normannisch-staufische Feudalbesitz, den die Anjou seit 1266 unter sich aufgeteilt hatten, war Adeligen aus Aragon und nach 1412 auch Günstlingen aus Kastilien zugefallen, die im Gefolge des spanischen Hofs nach Palermo gekommen waren. Das führte zu einer Verstimmung des alteingesessenen Landadels, der sich in seiner Hoffnung betrogen sah, wieder in die alten Besitzstände eingesetzt zu werden. Das Amt des Statthalters wurde zu einer Ware, die je nach Machtverhältnis von eingesessenen oder von zugezogenen Adelsfamilien kontrolliert und gekauft wurde. Gleichzeitig unterdrückten die Machthaber alle Bestrebungen, eine Kaufmanns-Bourgeoisie in das festgefahrene Zweiklassensystem zu integrieren, wie es in der Toskana und der Lombardei mit Erfolg geschehen war. Solche Bestrebungen erhielten in der ersten Hälfte des 16. Jahrhunderts Auftrieb durch protestantische Kaufleute aus dem Norden, die sich in der alten Handelsmetropole und Hafenstadt Messina niedergelassen hatten. Nach dem Tod Martins I. entspann sich 1410 ein Streit darüber, ob Sizilien ein eigenes Königreich sei, wie es der ererbte Titel «König von Sizilien» vorsah, oder eine Provinz des Königreichs Aragon. In Taormina, einem Provinzstädtchen zwischen Messina und Catania, fand daraufhin eine Versammlung des sizilianischen Parlaments statt, in der die Untrennbarkeit der beiden Kronen deklariert wurde. Seit 1412 führte Ferdinand I. den Doppeltitel König von Kastilien-Aragon und «von Gottes Gnaden König von Sizilien». Die Statthalter Siziliens wurden nun in den Rang eines Vizekönigs erhoben, ein Titel, der ab 1415 zur offiziellen Anredeformel gehörte und erst 1713 unter den Savoyen abgeschafft wurde.

König Alfons V. von Aragon (1442–1458) führte nach dem Ende der Herrschaft der Anjou in Neapel (1435) den Titel «König beider Sizilien» *(rex utriusque Siciliae)*. Damit attestierte er den sizilianischen Baronen wenigstens formal die Existenz eines unabhängigen Sizilien. Nach seinem Tod übernahm zuerst Alfons' Bruder Johann und 1479 Ferdinand II. den Thron. Seit Ferdinands Heirat mit Isabella von Kastilien-León bildete sich mit Spanien ein neues europäisches Machtzentrum heraus. Die internationalen Handelsrouten verlagerten sich vom westlichen

Mittelmeer zunehmend in den Atlantik. Damit wurde Sizilien zum ersten Mal seit der byzantinischen Herrschaft zu einer Randregion Europas. Gleichzeitig wurden gerade die Randregionen als Teil eines Staatenbundes dazu verpflichtet, ihre Loyalität durch die Finanzierung militärischer Operationen Spaniens unter Beweis zu stellen. Die Heere, die gegen die Muslime vor Granada oder gegen die Türken vor Wien aufgestellt wurden, forderten Tributzahlungen in Form gigantischer Mengen steuerfreier Getreidelieferungen aus Sizilien. Zudem sollte Sizilien als Bastion gegen den Islam ausgebaut werden.

Die Landbarone fürchteten den Zentralstaat, der sich weniger in der Person des Vizekönigs als vielmehr durch Reformen in der Verwaltung und Gerichtsbarkeit Siziliens bemerkbar machte. Der Adel wurde zunehmend der Jurisdiktion der königlichen Gerichte unterstellt, die jetzt über die Provinzgrenzen hinaus tätig wurden und die Bestechung lokaler Politiker von Seiten der Barone erheblich erschwerten. Zudem mussten die Agrarerträge, die von den Gütern der Landbarone kamen, dem Staat zu einem festgesetzten Niedrigpreis verkauft werden. Die Landbarone wussten, dass eine höhere Präsenz des Staates in Form von Beamten und Soldaten ihre eigene Machtposition schwächte. Deshalb reagierten sie erst, als Ferdinand II. 1516 starb und ein Kurswechsel in der spanischen Politik in Aussicht stand. Die Landbarone nutzten die Gelegenheit zur Aufwiegelung eines Volksaufstands, der noch schwelte, als der Enkel Ferdinands II., Karl V. aus dem Hause Habsburg, 1516 den spanischen Thron bestieg. Karl V. (1500–1558) führte die antiislamische Militärpolitik seines Großvaters fort und beauftragte 1535 den namhaften Militärbauarchitekten Ferramolino von Bergamo mit der kartographischen Erfassung der sizilianischen Wehranlagen und mit dem Neubau moderner Festungen, die der Feuerkraft der neuen Artilleriegeschütze standhielten. In Syrakus wurden die antiken Natursteintheater und der gigantische Zeusaltar Hierons II. als Steinbruch für den Ausbau des unter Friedrich II. erbauten Hafenkastells Maniace benutzt, um es mit moderner Artillerietechnik zu bestücken. Der sizilianische Vizekönig Ferrante Gonzaga (1536–1546) ließ entlang der gesamten

Küstenlinie in regelmäßigem Abstand Wehrtürme erbauen. Er ließ auch Bauten reparieren, die schon aus islamischer und normannischer Zeit stammten und der Küstenschifffahrt seit alters als Orientierungspunkte dienten. Die Kommunikationstechniken waren noch nicht wesentlich über die innovativen arabischen Techniken normannischer und staufischer Zeit hinaus weiterentwickelt worden. Die Türme funktionierten weiterhin als Basen für die Kommunikation mit Lichtsignalen und Brieftauben.

Ob es die habsburgischen Zwingburgen oder die zahlreichen Zugeständnisse und Privilegien von Seiten Karls V. an die Landbarone waren, die Sizilien im 16. Jahrhundert zu einer der loyalsten Provinzen des Habsburgischen Reichs werden ließen, ist schwer zu entscheiden. Karl V. beantwortete diese zwiespältige Loyalität 1535 sogar mit einem Besuch auf Sizilien, der die Abhängigkeit Siziliens vom Hause Habsburg offen zu Tage treten ließ. Viele Sizilianer aus niederem Adelsstand traten nun in der Hoffnung eines sozialen Aufstiegs in die spanische Armee ein. 1571 wurde ein sizilianischer Flottenverband in der Schlacht von Lépanto gegen die Türken von Don Juan d'Austria in Messina mit großem Pomp ausgezeichnet. Die Stadt Messina ließ als Erinnerung vor der Normannenkirche SS. Annunziata dei Catalani eine Bronzestatue mit dem Konterfei des siegreichen Flottenführers aufstellen. Der materielle Gewinn aus solchen militärischen Erfolgen floss aber nicht nach Sizilien, sondern in weitere Kriege Karls V. Sein Vizekönig in Palermo musste ihm deshalb 1541 mitteilen, dass die Bevölkerung Siziliens an Hunger sterbe. Nichtsdestoweniger arbeiteten die Vizekönige seit Beginn des 16. Jahrhunderts unverdrossen an einem repräsentativen Ausbau ihrer Residenzstadt. Der Vizekönig Bernardino Cardines, Herzog von Maqueda (1598–1601), ließ nicht nur eine zweite, den Cassaro rechtwinkelig schneidende Straßenachse in die verwinkelte Oberstadt Palermos brechen (Via Maqueda), sondern er veränderte auch das äußere Erscheinungsbild des mittelalterlichen Königspalastes, indem er an der stadtseitigen Fassade und im Vorhof der Cappella Palatina weitreichende Eingriffe vornehmen ließ. Die Kapelle wurde durch vorgeblendete Loggien und Säulengänge in die umgebenden

Palastbauten eingebunden und vom natürlichen Licht weitgehend abgeschlossen. Bis heute kann die Kapelle nur mit aufwändiger künstlicher Beleuchtung benutzt werden, was zu einem beschleunigten Verfall der Mosaiken geführt hat.

Bis vor wenigen Jahren hing in der Unterkirche der Cappella Palatina ein lange vergessenes Holzkreuz (ein Teil befindet sich heute in der Sakristei der Kapelle). Die geschnitzte Christusfigur war ursprünglich auf eine halbrunde Tafel montiert, in die 82 kleine Schaukästchen eingelassen waren. Die Kästchen beherbergten Hunderte von Knöchelchen verschiedener Heiliger, die hier als Reliquien aufbewahrt wurden. Das Reliquiar, das stilistisch dem 16. Jahrhundert zuzuordnen ist, stammt aus dem Palazzo Chiaramonte (Lo Steri) in Palermo. Dort hing es bis 1782, dem Jahr der Schließung des dort untergebrachten Inquisitionsgerichts. Seit 1487 tagte die «Heilige Inquisition» regelmäßig im alten Normannenpalast von Palermo, zog aber dann wegen der Baufälligkeit des Gebäudes zusammen mit dem Hof des Vizekönigs in den von der Adelsfamilie Chiaramonte erbauten Palast in die Unterstadt von Palermo um. Nach anfänglicher Opposition des Adels gegen die neue, beunruhigende Kontrollinstanz galt es bald als besonderes Privileg, mit einem Amt im gottgelenkten Räderwerk der Inquisition betraut zu werden. Außerdem war mit dem Amt eine zusätzliche, nicht versiegende Einkunftsquelle verbunden. Bis 1577 stieg die offizielle Zahl der Laienamtsträger in Sizilien auf über 20 000 an. Während die Methode der staatlich legitimierten Denunziation auch in anderen italienischen Städten wie zum Beispiel in Venedig eine lange Tradition besaß, wurde sie im katholischen Palermo als soziales Druckmittel neu entdeckt. Denn eine Verurteilung von diesem Gericht hatte zwangsläufig die Exkommunikation und damit das Ausscheiden aus dem sozialen Gefüge zur Folge. Es entstand ein neues Zweckbündnis von Kirche und Staat, das die früheren deutsch-römischen Kaiser gefürchtet und bekämpft hatten. Die Inquisitoren waren dem spanischen König direkt unterstellt, wurden von ihm eingesetzt und oftmals als Gegenspieler des Vizekönigs missbraucht. Es wurden aber nicht nur Vizekönige, sondern auch deren Gegenspieler, die sizilianischen Barone, die oft selbst Ämter innerhalb der Inquisition bekleideten, verurteilt. Mehrere Skandale im Zusammenhang mit zweifelhaften Rechtssprüchen veranlassten König Philipp II. (1556–1598) schließlich, ein Immunitätsgesetz zu erlassen, das die Barone, alle Beamten und Steuereintreiber von der Rechtssprechung des Inquisitionsgerichts ausnahm und sie der direkten Jurisdiktion des Königs unterstellte. Dieser Beschluss kann trotz aller guten Absicht mit Fug und Recht als der vorläufige Höhepunkt der politischen Privilegienwirtschaft in Sizilien bezeichnet werden.

Nach der Vertreibung der Juden 1492 gab es im Land immer noch eine große Anzahl konvertierter Juden und Muslime, die wie auch einige ausländische Protestanten (vor allem in Messina) im Visier der Inquisitoren standen. Der Reliquien- und Ablasshandel war ein auslösendes Moment für die Reformation gewesen. Es kann nur als ein zynischer Einfall der Inquisitoren gelten, in ihren Gerichtssaal ein Kreuz zu hängen, das mit Reliquien gespickt war. Vor diesem Kreuz mussten Protestanten ebenso wie konvertierte Juden und Muslime ihr christliches Glaubensbekenntnis ablegen, bevor sie wegen angeblicher Häresie in den Kerkern der Inquisition verschwanden. Wer immer diese Reliquien für die Inquisition erwarb, verschaffte sich damit eine gute Ausgangsposition bei der weltlichen und himmlischen Rechtsprechung. Denn der Besitz zahlreicher Reliquien garantierte dem Gläubigen beim Jüngsten Gericht eine Verkürzung der Qualen im Fegefeuer.

Es heißt, dass die Schreie der Gefolterten am Ende so laut waren, dass der Vizekönig 1517 aus dem Palazzo Chiaramonte auszog und in das feuchte, aber ruhigere Kastell am Hafen umsiedelte. Der pompöse Neubezug des renovierten Normannenpalastes durch den Vizekönig Giovanni de Vega ist für das Jahr 1553 bezeugt. Vizekönig Bernardino Cardines, Herzog von Maqueda (1598–1601), baute den in seiner Grundstruktur immer noch mittelalterlichen Normannenpalast schließlich zu einem der prächtigsten Königsresidenzen des Abendlandes aus.

15. Die Revolten von Palermo (1647) und Messina (1674)

Im Jahr 1645 breitete sich in Sizilien eine Hungersnot aus, gegen die überall auf der Insel mit Inbrunst gebetet und in Bittprozessionen zu Felde gezogen wurde. Schon 1624 waren die Reliquien der heiligen Rosalia in einer Grotte am Monte Pellegrino bei Palermo geborgen und erfolgreich gegen die Schwarze Pest eingesetzt worden. Tatsächlich hatte sich die ökonomische Situation aufgrund der Investitionen in den Dreißigjährigen Krieg verschlechtert. Die alliierten Armeen der Spanier verschlangen nicht nur die Getreidevorräte Siziliens, sondern auch ungeheure Summen an Steuergeldern; allein 70 000 Scudi im Jahr gingen an den König von Ungarn. Sizilien war nun nicht mehr das Zentrum des Heiligen Römischen Reichs, sondern das Anhängsel des Habsburgerreichs, und dessen Krieg war nicht der Krieg der Sizilianer.

Der neue Vizekönig, Marchese de los Velez, versuchte, die Getreidereserven zu rationieren, indem er zu Beginn des Jahres 1647 das gesetzlich vorgeschriebene Gewicht des Brots hinuntersetzte. Die Maßnahme war jedoch der Tropfen, der das Fass sozialer Unzufriedenheit überlaufen ließ: In Palermo und Messina wurden unter der Führung des Goldschmieds Giuseppe d'Alesi von den Handwerkergilden Tumulte angezettelt. Sie repräsentierten ein Viertel der arbeitenden Bevölkerung, die in den mittelalterlichen Quartieren der Altstädte, jenseits der neuen barocken Straßenachsen, in enger Nachbarschaft lebten. In Palermo befinden sich in den Gassen des alten jüdischen Viertels östlich der heutigen Via Roma noch immer – nach Gewerben getrennt – verschiedene Handwerksbetriebe. Heute sind diese Viertel nicht mehr ständisch, sondern wie schon im 17. Jahrhundert nach der Gunst kommunalen Klientelwesens organisiert. Die zunehmende Landflucht, die den Städten ein neues

Proletariat aus Landarbeitern und Stundenlöhnern bescherte, war nur *ein* Grund für die inneren Unruhen, die nun alle sozialen Stände erreicht hatten. Die Revolte, die jetzt losbrach, war nicht nur ein Phänomen der übervölkerten Städte, sondern auch der ländlichen Bevölkerung. Der niedere Landadel der Barone fürchtete um seine althergebrachten politischen und territorialen Vorrechte und rief die Inquisition zu Hilfe.

Charakteristisch für das Aufbegehren gegen die spanische Regierung in Sizilien war der Mangel an solidarischen Aktionen. Es fehlte eine gemeinsame politische Zielsetzung, und es fehlte der soziale Zusammenhalt, der über die Interessen der eigenen Familienverbände hinausging. Privatleute und ganze Kommunen nutzten die Situation für persönliche Bereicherungen. Die Stadt Catania nahm die Gelegenheit des landesweiten Aufruhrs wahr, um ein Stück Land zu besetzen, das der Verwaltung der spanischen Krone oblag. Messina bot dem Vizekönig Zuflucht an und schickte Geld und Soldaten nach Palermo, um den Aufstand dort niederzuwerfen. Zuletzt zerstritten sich auch die Handwerkergilden und rekrutierten Schergen, die gewalttätig gegen den Mob vorgingen. Durch Giuseppe d'Alesis Tod am 22. August 1647 wurde die Glut der Revolution erstickt. Im Triumphzug kehrten die spanischen Truppen nach Palermo zurück. In Anwesenheit des Erzbischofs von Monreale wurde durch die öffentliche Verurteilung mehrerer angeblicher Hexen die alte Ordnung wiederhergestellt.

Ein neuer, ganz anders beschaffener Herd sozialer Unruhen entstand, als in Messina, das sich durch die Unterstützung der Spanier gegen Palermo Privilegien in Verwaltung und Handel erworben hatte, 1674 die Seidenindustrie niederging. Die Handelsaristokratie Messinas warf der spanischen Regierung vor, die Messina verbrieften Vorrechte im Seidenexport zu liberalisieren und leichtfertig demokratische Reformen zu versprechen. Das begünstige nicht nur Palermo, sondern auch die Franzosen, die den Boykott der sizilianischen Seidenindustrie seit Jahren vorantrieben. Tatsächlich reagierte der vom Vizekönig bestellte Gouverneur mit einer Änderung des Wahlrechts, das dem Adel vorschrieb, nur noch die Hälfte der Sitze im Stadtrat mit eigenen Kandidaten zu besetzen. Daraufhin sperrten die Messineser Stadt und Hafen ab und stellten diplomatische Kontakte zu König Ludwig XIV. von Frankreich her, mit dem sich die Spanier im Krieg befanden. Ludwig berief flugs einen neuen Gouverneur für Messina, und schon zu Beginn des Jahres 1675 konnten französische Truppenkontingente nach Sizilien eingeschifft werden. Jedoch waren Ludwigs Interessen in Sizilien nur wirtschaftlicher und nicht territorialer Art, was einer landesweiten Revolution den Stachel nahm. Die Rebellen versuchten, ihren Aktionismus mit nationalistischen, antispanischen Argumenten anzureichern. Doch welche nationale Einheit besaß Sizilien? Die Ressentiments gegen die Spanier wurden schließlich nur durch neue Ressentiments gegen die Franzosen ersetzt, so dass Ludwig trotz umfangreicher Hilfszusagen an Messina den Rückzug von seinem sizilianischen Stützpunkt antrat. Zum ersten Mal in der Geschichte seit normannischer Zeit gab es nun Anzeichen für den Machtverlust der Barone, sei es auf ihren angestammten Ländereien oder in den Städten Siziliens. In der Folge kam es zu einer Polarisierung zwischen dem städtischen Proletariat und der Adelsschicht. Den Raum dazwischen konnte ein säkulares Bürgertum aus Kaufleuten, Ärzten und Intellektuellen nicht ausfüllen. Vielmehr entwickelte sich ein pseudoaristokratisches Amalgam aus Hochadel und Geldadel. Proletariat und Adel unterschieden sich grundlegend in ihren politischen Forderungen. Doch gab es viele Gemeinsamkeiten: Beide verhielten sich gegenüber zentralistischen nationalen Interessen ablehnend, und beide waren gleichermaßen anfällig für eine mafiose machtpolitische Instrumentalisierung. «Im Grunde liegt hier die Tragödie der modernen sizilianischen Gesellschaft» (Francesco Giunta).

Dem Niedergang des politischen, wirtschaftlichen und sozialen Lebens in Sizilien während der spanischen Zeit steht ein erstaunlicher Aufschwung intellektuellen und künstlerischen Schaffens entgegen. Bildende Kunst und Architektur schöpften im 17. Jahrhundert aus dem fruchtbaren Antagonismus festländischer Einflüsse und indigener Kultur. Zweifellos beeinflussten spanische und römische Künstler Konzepte in der Architektur und Urbanistik, immer jedoch auf dem Boden normannisch-islamischer, katalanischer und unteritalienischer Traditionen. Das Ergebnis waren die einzigartigen Barockfassaden sizilianischer Kirchen und Paläste, die zu Seiten der städtischen Prachtalleen angelegt wurden, zum Beispiel am Cassaro oder in der Via Maqueda in Palermo, ebenso wie in den nach der Erdbebenkatastrophe 1693 neu gegründeten Gemeinden auf dem Land wie Ferla, Modica, Ragusa Ibla oder Noto im Südosten der Insel.

16. Die Villeggiatura des 17. und 18. Jahrhunderts

Die Landvilla als Refugium des Städters ist ein architekturhistorisches, soziales und anthropologisches Phänomen seit der Antike. Da der Begriff der *villa* außer einem Herrenhaus oder Lustgebäude immer auch einen Garten, einen Park oder Felder voraussetzte, war die Idee der Villa stets eng an die Existenz eines Feudalbesitzes gekoppelt. Römische Dichter wie Plinius und Vergil hatten sich ausführlich zu Anlage, Funktion und Bewirtschaftung einer Landvilla geäußert. Auf dieser Grundlage verfassten Francesco Petrarca im 14. und Leon Battista Alberti im 15. Jahrhundert lateinische Traktate über die Vorzüge des Landlebens, die an den europäischen Höfen zur Bildungsliteratur des städtischen Adels gehörten. Eine Ursache der Sehnsucht nach dem Landleben in Italien und speziell in Sizilien waren die unterschiedlichen klimatischen Bedingungen, die Stadt und Land im Winter oder im Sommer boten. Die zweite Ursache lag in den sozialen Verschiebungen seit Mitte des 17. Jahrhunderts: Der zunehmenden Landflucht der Bauern und Arbeiter stand eine zunehmende Stadtflucht des Adels gegenüber. Brachliegende Ländereien mussten wieder bewirtschaftet, ihre Grenzen kontrolliert und neu abgesteckt werden. Suburbanes Brachland zog auch das Brigantentum an, das bekämpft werden musste. Andererseits nahm in den Städten der politische Einfluss der Arbeiter zu, die sich unter dem Schutz der *maestranze*, der mächtigen Handwerkergilden, organisierten. Alteingesessene Servitute wie Wegerechte wurden in Frage gestellt, Privilegien beschnitten. Das alles beunruhigte den Adel. Seit der Antike waren es Städter, die die Utopie des idyllischen Landlebens entwickelten. Während aber für die Gründung der spätantiken Villa del Casale die Existenz einer nahen öffentlichen Straße zur Stadt entscheidend war, galt bei der Gründung der barocken Villa die Nähe der Stadt selbst als Beweggrund für den Erwerb des Grundstücks oder dessen Bebauung.

Aber noch etwas liegt dem Villenbau zu Grunde: Mehr noch als dem Venezianer und Toskaner ist dem Sizilianer ein Zug zum Fatalismus eigen. Dieser Fatalismus äußert sich noch heute in der unvermeidlichen Suche nach einer *contradictio in se*, einem (unlösbaren) Widerspruch in sich selbst. So war es auch mit der barocken Idee der Idylle als einem heiligen Rollenspiel der widersprüchlichsten Charaktere – über Weltflucht und Weltsucht, Stadt und Land, Zivilisation und Urinstinkt, Hierarchie und Anarchie, Enge und Weite, Innovation und Tradition. Diese Widersprüchlichkeit schloss als Konsequenz ein, dass gewohnter Luxus und etliche Annehmlichkeiten städtischen Haushaltens auf das Landleben übertragen wurden. Carlo Goldoni kommentierte diese Haltung der neuen Feudalherren in seiner 1761 geschriebenen Komödie *Le avventure della villeggiatura* (*Die Abenteuer auf dem Land*) mit den Worten: «Für sie sind die Stadt und die Villa dasselbe. Sie führen hier wie dort dasselbe Leben.»

Das dazu nötige Land wurde in Oberitalien vor allem vom Kaufmannsadel, in Sizilien dagegen vom Klerus, von Beamten des Hofs und Rechtsadvokaten erworben. Oft wurden die Ländereien auch von Spekulanten gepachtet, wenn es sich um alteingesessenen Lehensbesitz handelte, der mit Not über die Wirtschaftskrise hinübergerettet worden war. Bis Mitte des 17. Jahrhunderts konzentrierte sich die sizilianische *villeggiatura* nicht nur um die Hauptstadt mit dem Sitz des spanischen Vizekönigs, sondern lag verstreut im Umkreis anderer größerer Hafenstädte wie Messina und Catania. Im 18. Jahrhundert änderte sich diese Tendenz zugunsten der Hauptstadt Palermo.

Zu den wirtschaftlichen Interessen der Feudalherren kam ein neues wissenschaftliches Interesse an der Geschichte der Natur und des Ackerbaus. In Messina ließ der Botaniker Pietro Castelli um 1630 einen Garten mit exotischen Pflanzen anlegen, in dessen Mitte ein naturhistorisches Museum lag. Die Villa erlangte über die Grenzen Siziliens hinaus Bekanntheit und wurde von Gartenbaumeistern des Palermitaner Adels mit Interesse besucht. Castelli publizierte seine Forschungen 1640 unter dem Titel Hortus Messanensis. Als Strafe für die gegen Spanien und Palermo gerichtete Politik Messinas während der Revolte von 1674 wurde die Universität geschlossen. Vier Jahre später ereilte dieses Schicksal auch die Villa, und das Grundstück wurde von den spanischen Soldaten als Pferdekoppel benutzt. Trotz oder wegen ihrer Zerstörung wurde Castellis Villa in der Palermitaner Villeggiatura mehrfach kopiert und gilt als Vorbild für die Villen der Prinzen von Cattolica und Villafranca. Nicht zuletzt geht der berühmte Botanische Garten in Palermo auf den Hortus Messanensis zurück.

Zur selben Zeit erwarb Tommaso Marquet de Guevara, Herzog von Belviso, außerhalb von Messina eine *villa suburbana*, die er «Il paradiso» nannte. Die Villa besaß ein Kabinett mit antiken und mittelalterlichen Skulpturen. Weitere Räume beherbergten naturkundliche Sammlungen mit Muscheln und Fossilien aus Afrika und Südamerika, darunter eine ornithologische und physikalische Abteilung mit mechanischen und optischen Instrumenten, Büchern und Medaillen. Die herzogliche Landvilla nahm hier die Ausstattung und Funktion einer Kunst- und Wunderkammer an, deren Name auf das *paradeison*, den Rückzugsort eines klösterlichen Klausurbereichs, anspielte. Die Villa wurde nach der Messina-Revolte von 1674 konfisziert, da der Herzog in den Umsturzversuch verwickelt war. Um 1700 unternahm John Dryden eine Expedition nach Sizilien und Malta; sein Reisebericht wurde 1776 in London unter dem Titel *A Voyage to Sicily and Malta* veröffentlicht. Darin beschreibt Dryden auch den Zustand der Villa: «Dieses Haus ist vorteilhaft am Meer gelegen. Es besitzt eine schöne Fassade mit Frontispiz. Im Inneren sahen wir aber nichts Bemerkenswertes außer unzähligen lateinischen Sinnsprüchen über den Türen, die das Glück des zurückgezogenen Lebens preisen.»

Neue Methoden der Bewirtschaftung sowie neue Bewässerungstechniken beflügelten im 18. Jahrhundert den Entschluss des Palermitaner Adels, auf der fünfzehn Kilometer östlich der Hauptstadt gelegenen *Piana di Bagaria*, einer zwischen zwei Landzungen leicht gegen das Meer abfallenden Ebene, Bau- und Gartenland zu erwerben. Eine spanische Militärkarte vom Ende des 17. Jahrhunderts bezeugt bereits die Existenz von fünfzehn Villen in Bagaria. So entstand nachweislich schon vor 1712 die Villa Roccafiorita, der Vorgängerbau der Villa Cattolica, heute einer der prominentesten Bauten Bagherias. Ein neuer Maßstab für den privaten Villenbau in Bagheria wurde 1712 mit dem Bau der Villa Valguarnera, der Villa Aragona (jetzt Cutò) 1714 und der Villa Palagonia 1715 gesetzt. Die begehrtesten Grundstücke lagen auf einem erhöhten Plateau oder Hügel, wo etwa die Villen Valguarnera und Palagonia entstanden. Die Schaufassaden der Bauten wurden durch Alleen axial aufeinander bezogen, so dass nicht ausschließlich der Landschaftsausblick, sondern auch die Referenz zu anderen, nicht selten verwandten Familien die Ausrichtung der Gebäude bestimmte. Diese Blickachsen konnten aber schon damals (*vor* dem überbordenden Baueifer des 20. Jahrhunderts) nur von den Terrassen der Villen selbst und nicht von außenstehenden Betrachtern bemerkt werden. Die sozialpolitische Dimension dieses Phänomens war deshalb nur Insidern bekannt. Sie wurde nicht öffentlich zur Schau getragen. Das *theatrum sacrum*, das religiöse Schauspiel, das vor den Altären der spätbarocken Kirchen stattfand, spielte sich in Sizilien als intimes Rollenspiel auf einer hermetisch abgegrenzten sozialen Bühne ab. Darin unterschied sich die Villeggiatura des 18. Jahrhunderts in Bagheria vom neapolitanischen, toskanischen und palladianischen Villenstil der venezianischen Terraferma. Die Idee der *santa agricoltura*, die Kultivierung des Ackerbodens als gleichsam sakrale Handlung, wie sie dem venezianischen Villenbau zugrunde lag, fand in Sizilien keinen Nährboden.

Die besondere sozial- und architekturgeschichtliche Bedeutung und die außerordentliche architektonische Qualität der Villen von Bagheria wurden erst in jüngster Zeit gewürdigt. Die emblematischen Inhalte der einzelnen Bauformen und stern- und trapezförmigen Grundrisse der Villen basierten auf Kenntnissen der neuesten Bauprojekte römischer Barockarchitekten. Die Gartenfassaden wurden mit monumentalen doppelläufigen Treppenanlagen versehen, die Eingangsseite mit einem Dreiecksgiebel, der genug Platz bot, um das Familienwappen wie auf einer Tempelfront zu präsentieren. Eine Karte des österreichischen Ingenieurs Samuel Schmettau (heute im Militärarchiv Wien) von 1720/21 weist bereits ein ausgeprägtes öffentliches Straßen- und privates Wegenetz in Bagheria auf. Einige der in der Folge neu erbauten Villen sind entlang der öffentlichen Hauptstraße eingezeichnet, die in die Via Regia, die Staatsstraße nach Palermo, einmündete. Die Karte verzeichnet hier achtunddreißig Villen. Allerdings wird statt des Ortsnamens Bagheria der Name «Butera» genannt. Die Bezeichnung bezieht sich auf eine der ersten und hervorragendsten Villengründungen in Bagheria. Nach der Revolte in Palermo beschloss 1655 ein prominenter Vertreter des Adels, der damalige Amtsrichter von Palermo, Pretore Giuseppe Branciforte, seinen Wohnsitz nach Bagheria zu verlegen. Die Villa Butera besaß noch die blockhaften Züge eines Wehrbaus, die aber mehr ein Zitat traditioneller *bagli* oder *masserie* waren und keine militärische Bedeutung hatten. Gewiss war ein Grund für die Stadtflucht Brancifortes die Furcht vor Unruhen des Mobs in der Stadt. Aber viel entscheidender war eine Intrige am Hof selbst, der er zum Opfer gefallen sein muss. Die Inschrift an einem der Türme seines neuen Hauses lautet: «*O Corte Adio*», «Hofleben, lebe wohl!». Die Villa Butera zog Verwandte und politische Freunde Brancifortes nach Bagheria, die in der Folge selbst Land erwarben und die Villeggiatura mitbegründeten. So waren die Valguarnera «nebenan» mit den Brancifortes durch Heirat verbunden. Gewiss beeinflussten die Grenzziehungen des 17. Jahrhunderts die Anlage und Ausrichtung der noch zu erwerbenden Grundstücke. Die Idee des exklusiv in sich gekehrten aristokratischen «Clubs» aber konnte erst in Zeiten der europäischen Aufklärung im

18. Jahrhundert gedeihen. Zu Beginn des 19. Jahrhunderts wurden bereits viele Gartengrundstücke zerstückelt und neu bebaut, ein Phänomen, das sich bis heute fortsetzt. Ein entscheidender Grund für das Ende der Villeggiatura auf dem Land war der Verfall der Familienstrukturen in den Städten. Der Adel hatte sich nach der Revolution von 1848/49 in seine Stadtpaläste zurückgezogen. Durch die Abschaffung des traditionellen Erbrechts der Primogenitur konnten zwar auch Nebenlinien der alten Familien die Villen durch Erbschaft erwerben und renovieren, aber gleichzeitig zerfiel der Zusammenhalt der Familien durch Erbstreitereien. Die ausgeprägte Sehnsucht nach Aporie, der instinktive Fatalismus, sich auf Messers Schneide zu bekämpfen und seine Existenz aufs Spiel zu setzen, konnte wieder Triumphe feiern. Das sizilianische *theatrum sacrum*, das heilige Theater des Barock, war von nun an sehr profaner Art.

17. Die Grotesken des Fürsten von Palagonia

Kein Kunstwerk hat bei den Reisenden des 18. und 19. Jahrhunderts so viel Bewunderung und zugleich Entsetzen ausgelöst wie die Villa Palagonia in dem sizilianischen Landflecken Bagheria, fünfzehn Kilometer östlich von Palermo. Der Besuch der «Villa dei Mostri del Principe di Palagonia», wie die Villa genannt wurde, gehörte zum Pflichtprogramm des europäischen Bildungsbürgertums, soweit es die ohnehin für lebensgefährlich gehaltene Reise durch Sizilien mit seiner gefürchteten Ölküche überhaupt ernsthaft in Betracht zog. Die Aufmerksamkeit galt in erster Linie dem Skulpturengarten der Villa mit seinen annähernd sechshundert grotesken Steinfiguren auf den Umfassungsmauern des Gartens. Der von Norden eintretende Besucher passierte einen Eingangspavillon, dessen Triumphtor vier gigantische Steinsoldaten flankierten, und betrat einen vierhundert Meter langen baumlosen Weg, der schnurgerade auf das Haupthaus zuführte. Die Mauern trugen Balustraden, auf denen zu beiden Seiten nebeneinander die Skulpturen aufgestellt waren. Von hier aus wurde der Fremde «durch die Spitzruten des Wahnsinns durchgejagt», wie Goethe seinen Empfang im Jahr 1787 beschrieb. Der Bauherr des architektonischen Ensembles von Torbau, Weg, Umfassungsmauern und Herrenhaus, das zwischen 1715 und 1718 in Nordsüdachse zur benachbarten, fast gleichzeitig erbauten Villa Valguarnera entstand, war der Fürst von Palagonia, Ferdinando Francesco Gravina I. Mit Hilfe der Palermitaner Architekten und Militärbauingenieure Tommaso Maria Napoli und Agatino Daidone entwarf Gravina einen neuen Typus der *Villa suburbana*, deren Idee darauf beruhte, eine Art «aristokratischen Siedlungsbau» anstelle absolutistischer Herrschaftsarchitektur zu begründen. Seit 1658 waren schon mindestens 38 Villen in der Umgebung entstanden. Die Villa Palagonia wurde bewusst an einen Knotenpunkt zwischen diese Bauten gesetzt. Das Bauland gehörte nicht zum Feudalbesitz des Fürsten. Es musste gegen einen Jahreszins gepachtet werden. Heute lässt der von Betonbauten überwucherte Siedlungskern von Bagheria kaum mehr erkennen, wie stark die einzelnen Villen frontal aufeinander bezogen sind und dominante Ausblicke auf das Meer und die umliegende Natur bewusst vermieden werden.

Während das groteske Skulpturentheater der Zufahrtsallee der Villa Palagonia heute verschwunden ist und die Umfassungsmauern zum größten Teil modern überbaut sind, bietet sich von den westlich und östlich des Hauses gelegenen Höfen aus ein eindrucksvolles Schauspiel. Über dem umlaufenden Kranzgesims der Umfassungsmauer erhebt sich eine Attika, die im Wechsel jeweils eine sitzende oder stehende Skulptur aus ockerfarbenem Kalksandstein trägt. Nur über den seitlichen Zugangstoren werden die Rundbögen direkt von einer scheinbar ungeordneten Menge sich hinlagernder Wesen besetzt. Aus der Nähe betrachtet ergibt sich eine wohlkomponierte Gruppe aus fabelhaften und mythologischen Wesen. Das Mauergesims dient hier den Figuren als Bühne. Jedoch sind die Figuren so angeordnet, dass sie nach innen in den Vorhof der Villa blicken. Die Villa selbst wird so zur Zuschauertribüne eines endlosen Spektakels:

Links lehnt eine doppelschwänzige Sirene und rechts ein Triton auf der Kurvatur des Gesimses. Vor dem rechten Pyramidenaufsatz des Torbogens erscheint eine Europa mit einer Stierbüste. Alle Figuren sind dem Betrachter innerhalb der Gartenmauern zugewandt. Doch entziehen sie sich durch ihre endlose Reihung, ihre groteske Verzerrung, durch die Maßlosigkeit ihrer Proportionen und durch die Vielfalt und Vervielfältigung ihrer Gebärden einer klaren Deutung. Auffällig ist die Vielfalt menschenköpfiger Tier- und tierköpfiger Menschenfiguren. Einmal wächst aus der Schulter der Statue ein zweiter Kopf heraus, ein anderes Mal sitzen dem Hals mehrere Köpfe auf.

Es ist interessant, eine kurze Betrachtung darüber anzustellen, wie sich dieses groteske Theater den europäischen Reisenden des 18. Jahrhunderts darbot. Denn obwohl uns nur spärliche Quellen zu Auftrag und Baugeschichte der Villa überliefert sind, verfügen wir über zahlreiche Textquellen, die ähnliche Beschreibungen der Villa und ihrer Ausstattung enthalten. Die frühesten Äußerungen zur Villa Palagonia stammen von dem Engländer Patrick Brydone, dessen 1770 in Briefform verfasstes Reisebuch *A Tour through Sicily and Malta* ein Bestseller war, der schon bald nach seinem Erscheinen ins Französische (1773) und Deutsche (1774) übersetzt wurde. So galt Brydone als der eigentliche «Entdecker» der Villa Palagonia. Doch auch der Urheber der beschriebenen Bildwerke, Ferdinando Francesco Gravina II., stand fortan gegen seinen Willen im Rampenlicht der europäischen Salons und Gelehrtenzirkel. Der Umbau der Villa, die 1715 von seinem Großvater erbaut worden war, erfolgte nach 1746, dem Jahr, in dem Ferdinando mit dem Fürstentum von Palagonia belehnt wurde. Die Ausstattung der Villa ließ er nach eigenen Entwürfen ausführen. Die zwölf Jahre andauernde spanisch-bourbonische Restauration unter Karl III. beförderte den Fürsten in hohe politische Ämter, die seine Bauvorhaben in Palermo und Bagheria finanzierbar machten. Als er 1788 starb, hatte er das Amt eines «Consigliere di Stato», also eines Ministers des Königreichs Sizilien, inne. *Er* ist der Protagonist in Brydones Werk, das den Grundstein legte für eine literarische Groteske, die sich bis in die psychopathologischen Lehrbücher des

20. Jahrhunderts hinein erhalten sollte: die Legende vom Wahnsinn des Fürsten, der sich im Ausstattungsprogramm der Villa Palagonia widerspiegelte. Brydone: «Es handelt sich um eine seltene Art des Wahnsinns, und es ist unverständlich, warum man ihn nicht schon lange in eine Irrenanstalt gesperrt hat. ... Man glaubt, im Land der Täuschung zu sein. Keine einzige von all diesen unzähligen Bildsäulen stellt etwas vor, das einem Wesen in der Natur gleicht. ... Er hat Menschenköpfe auf alle möglichen Tierkörper gesetzt und Tierköpfe auf die Körper von Menschen. Manchmal hat er eine einzige Figur aus fünf oder sechs Tieren gestaltet, die in der Natur nicht vorkommen: er rückt den Kopf eines Löwen auf den Hals einer Gans und darunter einen Eidechsenkörper mit Bocksfüßen und einem Fuchsschwanz. Auf den Rücken dieses Monsters setzt er nach Möglichkeit ein anderes noch schrecklicheres mit fünf oder sechs Köpfen.» Die ästhetische Norm Brydones lag in der Idee, dass die Kunst abbilden müsse, was die Natur vorgibt.

Von den Skulpturen selbst sind uns zwei Stiche überliefert, die der polnische Graf Michael Johann von Borch in seinem 1777 verfassten und fünf Jahre später veröffentlichten Reisetagebuch abdrucken ließ. Sein ästhetisches Urteil lehnt sich eng an Brydones Vorgaben an, und es ist kein Zufall, dass er sein Buch als Ergänzungsband zu Brydones Reisebeschreibung verstand. Die beiden in Kupfer gestochenen Zeichnungen zeigen ehemalige Balustradenstücke der Zufahrtsallee. Hier interessierten den Zeichner besonders die tierköpfigen Menschenfiguren.

Mit den Büchern Brydones und von Borchs im Reisegepäck besichtigte auch Goethe die Villa Palagonia. Am 9. April 1787 notierte er in sein Tagebuch: «Tiere: nur Teile derselben, Pferd mit Menschenhänden, Pferdekopf auf Menschenkörper, entstellte Affen, viele Drachen und Schlangen, alle Arten von Pfoten an Figuren aller Art, Verdoppelungen, Verwechslungen der Köpfe. ... Der Spiegel, den ein Satyr einem Weib mit einem Pferdekopf vorhält, ist das Wappen des Hauses.» Dieses Wappen, von dem Goethe spricht, hat es wahrscheinlich nie gegeben. Es findet in keiner zeitgenössischen Beschreibung und in keiner Inventarliste der Villa Erwähnung. Vielmehr bezeugen die großen

Wappenkartuschen an den Giebeln der beiden Hauptfronten des Hauses noch heute die schlichte Heraldik der Fürsten von Palagonia. Goethe erfand also die Karikatur des spiegelhaltenden Satyrs als allegorischen Verweis auf den Fürsten selbst. Die Figur der pferdeköpfigen Frau hingegen entnahm Goethe einer Handzeichnung, die sein Begleiter, der Maler und Zeichner Christoph Heinrich Kniep, von einer der Skulpturengruppen der Villa angefertigt hatte.

Der «palagonische Wahnsinn» war eine Wortschöpfung Goethes, mit der er einen neuen Stilbegriff prägte. Der protestantische Dichter aus Frankfurt geißelte damit den Irrationalismus und die Fantasie eines Volkes, dessen Sprache er nicht verstand. Der Fürst von Palagonia galt seit den Äußerungen Brydones und Goethes als der von Wahnsinn getriebene schizophrene Verführer. Eine in Deutschland in Auftrag gegebene psychiatrische Studie führte noch 1926 den «palagonischen Wahnsinn» als schwere Form der Schizophrenie auf. In Wahrheit war Ferdinando Francesco Gravina ein mit Scharfsinn denkender Aufklärer.

Ein Jahr nach seinem Tod entbrannte die Französische Revolution. Zehn Jahre später, im Januar 1799, sollten die französischen Truppen gemeinsam mit den Anhängern der Revolution in Neapel die Parthenopäische Republik ausrufen. Unter dem Schutz Admiral Nelsons flüchtete der bourbonische König Ferdinand IV. mit seinem Hofstaat nach Palermo. Von dort aus breitete sich – auf der Suche nach revolutionären Köpfen – der antijakobinische Terror in ganz Sizilien aus. Es waren nicht die fischschwänzigen Sirenen, nicht die Pferdeleiber der Kentauren und nicht die grotesken Fratzen der Kopffüßler, deren Köpfe von den Fassaden der Kirchen und Paläste abgeschlagen wurden, sondern Menschenköpfe.

18. Das Risorgimento (1796–1861)

Gegen Ende des 18. Jahrhunderts konnten sich auf der italienischen Halbinsel vier politische Machtblöcke behaupten: Erstens das Königreich von Neapel und Sizilien unter der Herrschaft der Bourbonen, zweitens das Königreich Piemont-Sardinien unter den Savoyern, drittens das Großherzogtum Toskana sowie das von einem Vizekönig regierte Königreich Lombardei-Venetien unter dem österreichischen Herrscherhaus Habsburg-Lothringen, und viertens der Kirchenstaat, dessen Machtbereich sich bis nördlich des Apennin ausgeweitet hatte. In dieser Situation gegensätzlicher politischer und territorialer Interessen wurde Sizilien zu Beginn des 19. Jahrhunderts kurzfristig zum Rückzugsgebiet restaurativer Kräfte. Die ehemaligen Königreiche von Neapel und Sizilien erhielten beim Wiener Kongress im Jahr 1815 den formellen Status eines vereinigten Königreichs. Der nach seiner zweimaligen Flucht nach Palermo wieder eingesetzte Bourbonenkönig Ferdinand IV. von Neapel (= Ferdinand III. von Sizilien) regierte nun als Ferdinand I. das «Königreich beider Sizilien». Im Palermitaner Exil war es 1812 den sizilianischen Baronen gelungen, den Bourbonen eine neue parlamentarische Verfassung nach englischem Vorbild abzutrotzen. Kurz nach der Rückkehr nach Neapel machte Ferdinand den Beschluss rückgängig, wozu er sich 1815 in einem geheimen Vertrag mit Österreich verpflichtet hatte. Sizilien sah sich nach den weitreichenden Versprechungen Ferdinands betrogen, und es kann ein direkter Zusammenhang zwischen dieser Aktion und den gleichzeitig aufflammenden Volksaufständen in Sizilien hergestellt werden.

Die Sizilianer rückten zusammen, und der Boden für Veränderungen war gut bestellt. Schließlich setzte die Aussicht der Sizilianer, sich auf eine eigene insulare Tradition mit einer eigenen Sprache und Kultur berufen zu können, große identitätsstiftende Kräfte frei. Das war auch der Nährboden für reformatorische Ideen. Meist fehlte es zwar – wie in den Jahrhunderten zuvor – an nachhaltigen konzertierten Aktionen, weil die führenden Köpfe die Insel zu schnell in Richtung Norden verließen. Aber sie hinterließen immer ein intellektuelles Vakuum, das von den Sizilianern in der Aussicht auf einen Erlöser eifersüchtig bewahrt und leidvoll gepflegt wurde. Das beklagte noch 1926 Antonio Gramsci in seinen Betrachtungen zur *Questione Meridionale*, der «Süditalienischen Frage», in der er die politische Schwäche des Südens auf den mangelnden sozialen Zusammenhalt zwischen Bauern und Intellektuellen zurückführte.

Einer der klügsten, aber auch umstrittensten Sizilianer, die das politische Leben Italiens bestimmten, war zweifellos Francesco Crispi (geb. 1818 in Ribera/Sizilien, gest. 1901 in Neapel). Crispi hatte 1860 mit Giuseppe Garibaldi auf Sizilien gegen die Bourbonen gekämpft und zog später als Vertreter der *Estrema Sinistra* in das italienische Parlament ein. Giuseppe Tomasi di Lampedusa brachte in seinem hundert Jahre später erschienenen historischen Roman *Il Gattopardo* am Beispiel Crispis das sizilianische Wesen auf den Punkt: «Alle Offenbarungen des sizilianischen Wesens kommen aus krankhafter Träumerei, auch die heftigsten: unsere Sinnlichkeit ist Sehnsucht nach Vergessen; unsere Flintenschüsse und Messerstiche Sehnsucht nach Tod; eine Sehnsucht nach wollüstiger Unbeweglichkeit – das heißt: wieder nach Tod – sind unsere Trägheit und auch unsere Eisgetränke; unsere grüblerische Art richtet sich auf das Nichts, als wollten wir damit die Rätsel des Nirwana lösen. Daher rührt es, dass bestimmte Menschen bei uns ein Übergewicht gewinnen: die, die wenigstens halbwach sind; daher diese berühmte Verspätung um ein Jahrhundert, was die künstlerischen und intellektuellen Offenbarungen in Sizilien anbetrifft. (...) Ich selbst habe in Turin gebürtige Sizilianer kennengelernt, um nur einen zu nennen: Crispi, und sie schienen mir alles andere als Schlafmützen. (...) Wir sind zu viele, als dass es nicht Ausnahmen gäbe; auf unsere Halbwachen habe ich im übrigen schon hingewiesen. Was diesen jungen Crispi betrifft, so werde ich es sicher nicht erleben – aber Sie werden wohl beobachten können, ob er nicht im Alter in unsere wollüstige Erstarrung zurückfällt: das tun alle.» Was sich in Sizilien nun vollzog, war ein Novum und gab Raum für eine Entwicklung, die noch hundert Jahre später sichtbar und nicht selten bedrohlich war. Tomasi di Lampedusa erfand für die Darstellung dieser Entwicklung die Charaktere des durch Spekulation zu Reichtum gekommenen Bürgermeisters Sedàra und des Fürsten Salina, deren Nachkommen einen Heiratsbund schlossen, der dem neuen Zeitgeist, aber nicht den ständischen Konventionen entsprach.

Nach dem Aufflammen der Revolution von 1848 rückten in Sizilien die führenden Stände näher zusammen – obwohl die Brandbomben der Revolutionäre auch die Adelspaläste, nicht zuletzt den Stadtpalast der Lampedusa in Palermo, schwer beschädigt hatten. Die sozialen, sprachlichen und kulturellen Grenzen zwischen den oberen und mittleren Gesellschaftsschichten des Königreichs wurden verwischt, ohne dass es zu einer tragfähigen Überlagerung und intellektuellen Bereicherung der Stände gekommen wäre. Die Entwicklung des Landes und der langsame Abbau der Adelsprivilegien führten eher zu einer größeren Durchlässigkeit der Standesgrenzen als zu einer Symbiose von Bürgertum und Adel, bei dem ein Bodensatz übrigblieb: die in den Schwefelminen Südsiziliens geknechteten Kinderarbeiter und die landlosen und gerade aus der Leibeigenschaft entlassenen Kleinpächter. Der emporgekommene Stand der *Galantuomini*, der ehrbaren Leute, bediente sich ihrer als billige Arbeitskräfte und führte sie in wirtschaftliche wie psychologische Abhängigkeit von ihren eigenen Interessen. Voraussetzung war ein Stillhalteabkommen mit den Großgrundbesitzern. So entstand eine neue Form des Klientelwesen, das hierarchisch organisiert war und den stillen Konsens des Adels und des Klerus voraussetzte.

Die *Galantuomini*, die «Ehrenmänner», waren dem ländlichen Bauernstand entwachsene Profiteure, ehemalige Gutsverwalter oder Landaufseher. Gemeinsam beschlossen sie 1861 eine «Landreform» auf Sizilien, die jeder gesetzlichen Grundlage entbehrte und im besten revolutionären Sinne die Parzellierung von Großgrundbesitz vorsah, der an die landlosen Bauern verpachtet werden sollte. Allerdings war das Land nicht zwangsenteigneter Grundbesitz, sondern Pachtland, das an Subunternehmer verpachtet wurde und die Bauern in kurzfristigen Pachtverträgen unter Ertragsdruck setzte. Jeder Parzelle stand ein in der Hierarchie unter den *Galantuomini* stehender Aufseher vor, der *Gabellotto*, der die Erträge der Bauern kontrollierte und notfalls beschlagnahmte. Wer das «Gesetz» nicht akzeptierte, wurde verjagt. Er galt als vogelfrei und fand nicht selten Zuflucht im Brigantentum. Die Politiker in Turin, der fernen Hauptstadt des Königreichs Piemont-Sardinien, standen unter Handlungszwang. Sie brachten eine Reform auf den Weg, die vorsah, kommunales Brachland und sogar Kirchengüter aufzuteilen, um sie den Bauern zu verkaufen. Die *Gabellotti* setzten Mittelleute ein, die die Preise bei den Versteigerungen hinauftrieben; oder sie beriefen Winkeladvokaten, die Servitute wie Wasseradern und Drainagen, die über ihr Land liefen, geltend machten, die das Land für die am Erwerb interessierten Kleinbauern unrentabel erscheinen ließen. Auf diesem Weg erwarben die ehemaligen Aufseher nun selbst billiges Land und stiegen zu Großpächtern auf.

Das Ergebnis war ein aufgeblähter Staatsapparat mit einem Heer von Amtsdienern, Kustoden und Klienten, die ebenfalls aus den nicht einmal vollständig alphabetisierten unteren Ständen rekrutiert wurden. Das ist die andere Seite und eigentliche Bedeutung des Epochenbegriffs *Risorgimento*, wie er sich in Süditalien darbot. Der Sizilianer Leonardo Sciascia hat diese Entwicklung in *La Sicilia come metafora* (*Sizilien als Metapher*) am Beispiel des Aufstiegs des sizilianischen Unternehmers Florio vom Pächter (1841) zum Großgrundbesitzer (1874) dargestellt.

Im Risorgimento rückte auch Italien zusammen, jedenfalls in Form einer lange gehegten Utopie. Der Name *Italia* hatte im Mittelalter unter den sizilianischen Normannen noch ein klar umrissenes Teritorium in Unteritalien bezeichnet; spätestens jetzt waren nach römisch-antikem Vorbild die Alpen die ersehnte Grenze im Norden. Der Mythos des antiken Rom und die Legende der vom etruskischen Gott Tinia festgelegten heiligen Grenzen (*sacri confini*) vermischten sich während des Risorgimento mit patriotischem Ideengut. Das bezeugt die in dieser Zeit entstandene offizielle italienische Nationalhymne ebenso wie die Literatur des Lombarden Alessandro Manzoni, der das Italienische als Nationalsprache postulierte. Allerdings hob er nur einen Dialekt aus der Vielzahl der italienischen Regionalsprachen heraus: das Florentinische, dem schon Dante im frühen 14. Jahrhundert die Rolle einer allgemein verständlichen Nationalsprache angetragen hatte. Ebenso gut hätte diese Rolle das Sizilianische übernehmen können, eine Sprache, die eine viel ältere, bis auf das Griechische und Arabische zurückgehende Tradition besaß. Die Festlegung Manzonis kam den Vorkämpfern des Risorgimento sehr gelegen. Jetzt konnte den europäischen Nationalstaaten bewiesen werden, dass Italien den Willen zu einer *einheitlichen* sprachlichen, religiösen und kulturellen Identität besaß. Europa war damit aufgefordert, Italien im Unabhängigkeitskampf gegen Österreich zu unterstützen.

Das erste Opfer, das auf dem Altar der Einheit dargebracht wurde, war der eng gefasste Ehrbegriff des Adelsstandes. Im Mittelalter bezeichnete «Ehre» gesellschaftliche Integration, ein Begriff, den nun die neue «ehrenwerte Gesellschaft» der *Galantuomini* adaptierte. Der Begriff der Ehre, *onore*, den sie der Sprache des Adels entlehnten, wurde zu einem Konzept der Respekt- und Demutsbezeugung und der willenlosen Gefolgschaft innerhalb eines hierarchischen Staates im Staat. Es mutet deshalb merkwürdig an, wenn ein Abgeordneter des italienischen Parlaments mit *Onorevole* angesprochen wird. Im sizilianischen Jargon der *Galantuomini* bedeutet Respekt auch *omertà*, das mit dem Wort *umiltà*, Demut, verwandt ist und zu absoluter Verschwiegenheit innerhalb und außerhalb des neu geschaffenen Staates im Staat verpflichtete. Der Begriff *omertà* tritt im Zusammenhang mit Logen, Bruderschaften oder Sekten zum ersten Mal in einem Bericht von 1864 auf, den der damalige Kommandant der von Garibaldi gegründeten Nationalgarde, Baron Nicolò Turrisi Colonna über die öffentliche Sicherheit in Sizilien verfasste: «Überall auf Sizilien gibt es eine Sekte von Dieben, die Verbindungen über die ganze Insel besitzt.» Sie rekrutiere neue Anhänger «unter den besten Jugendlichen der

Landbevölkerung sowie bei den Landaufsehern der Güter Palermos. Die Sekte gibt Schutz und erhält Unterstützung von Handels- und Kaufleuten.»

Das Diktum der *omertà*, das zu Verschwiegenheit verpflichtet, wird von Nichtsizilianern gerne als unverständliche Eigenbrötelei aufgefasst, aber es setzt genau das Gegenteil voraus: schweigsame Kommunikation, eine Zeichensprache aus Gesten oder Verhaltensweisen, eine Sprache, die das Gegenteil von dem beabsichtigt, was sie ausdrückt – eine Fertigkeit, die die ehrenwerte Gesellschaft im Laufe von zweihundert Jahren perfektionieren konnte.

19. Cavour und Garibaldi: Der Zug der Tausend

Bezeichnend für die Bedeutung des Risorgimento in Süditalien sind zwei gegensätzliche Protagonisten aus Norditalien: der aus einem Piemonteser Adelsgeschlecht stammende, 1810 geborene Graf Camillo Benso di Cavour (gest. 1861 in Turin) und sein Gegenspieler, der 1807 in Nizza geborene Sohn eines Schiffskapitäns, Giuseppe Garibaldi (gest. 1882 auf Caprera/Sardinien). Den ersten können wir als Theoretiker, den zweiten als Pragmatiker bezeichnen. Ohne den jeweils anderen hätte keiner der beiden den ehrenwerten Titel eines «Nationalhelden» erhalten können.

Cavour gab schon früh die von seiner Familie vorgesehene militärische Laufbahn zugunsten der Politik auf. Im Jahr 1852 stieg er schließlich als Agrarminister und Kabinettschef in die erste Reihe des piemontesischen Parlaments auf. In einer Gesellschaft, die «großbürgerliche Aristokraten» hervorgebracht hatte und Bürgerliche umwarb, die sich als Aristokraten gerierten, lernte Cavour schnell, auf allen Registern zu spielen. Er besaß die geistige Unruhe eines Intelektuellen und gleichzeitig den Willen zur Macht, er schätzte den Geschmack des Geldes und gleichzeitig die sozialen Synergien einer neuen gesellschaftlichen Klasse, die sich liberal gab, aber im Stil der alten Herrenschicht handelte. Fern jeder Sympathie mit dem von Giuseppe Mazzini begründeten revolutionären Romantizismus war sich Cavour wohl bewusst, dass gegen bürgerliche Interessen und das aufkeimende Selbstbewusstsein des Kleinbürgertums nicht zu regieren war. Als aufgeklärter Liberaler verbündete er sich schließlich mit den Vertretern der moderaten Linken. Die Früchte seiner Politik blieben nicht aus. Als Beispiel kann die Infrastruktur seines Landes angeführt werden: Anfang 1859 verfügte das Königreich Piemont-Sardinien über 850 Kilometer Eisenbahnstrecke, die sich teils in privater, teils in staatlicher Hand befanden. Demgegenüber besaßen die übrigen Staaten Italiens – darunter Neapel, wo die erste Eisenbahn Italiens von der Hauptstadt zur Villa Reale in Portici führte – zusammen nur 986 Kilometer Schienenstrecke. Das Königreich Piemont war bis Mitte des 19. Jahrhunderts das einzige Land südlich der Alpen, das mit dem wirtschaftlichen Aufschwung der nordeuropäischen Länder mithalten konnte. Nicht zuletzt verfügte das Königreich über die Bodenschätze Sardiniens, deren Erschließung in den Vierzigerjahren begann. Dazu kam eine verfassungsgemäß garantierte Versammlungs-, Meinungs- und Pressefreiheit, Gesetze, die zu einem Zuzug von Intellektuellen und politischen Emigranten vor allem aus Neapel und Sizilien führten.

Bis zum Frühjahr 1860 lag die politische Initiative in den Händen Cavours und seiner gemäßigten Partei. Die «Demokraten» und in erster Linie die Anhänger Mazzinis besaßen keine politischen Mehrheiten in der Bevölkerung. Dem diplomatischen Geschick Cavours war es zu verdanken, dass die unterschiedlichen territorialen Ansprüche Piemonts, Frankreichs und Österreichs per Volksentscheid friedlich geregelt werden konnten. Im März 1860 entschieden sich die Emilia und Toskana mit überwältigender Mehrheit für den Anschluss an das Königreich Piemont, im April desselben Jahres Nizza und Savoyen für den Anschluss an Frankreich. Während Frankreich und das Piemont durch diese Entwicklung zufriedengestellt schienen, war die Idee der Vereinigung Italiens auf halber Strecke stecken geblieben. Vor allem bei den emigrierten Sizilianern wie Francesco Crispi setzte sich die schon von Giuseppe Mazzini formulierte Idee einer Expedition nach Sizilien durch. Dort war es seit Anfang April wieder zu antibourbonischen Revolten gekommen, und der Zeitpunkt schien günstig.

Garibaldi war bereits ein Mythos, als er nach dem Scheitern der von Mazzini 1849 ausgerufenen Römischen Republik als Brigadegeneral der Revolutionsarmee abdanken musste und ins Exil nach New York ging. Im Jahr 1854 kehrte er nach Turin zurück, wo er nun den Kontakt mit Mitgliedern des Parlaments suchte. Als Ehrenpräsident der von Cavour unterstützten, 1857 gegründeten *Società Nazionale* des Republikaners Giuseppe La Farina gelang es Garibaldi, in die höheren politischen Kreise des Königreichs aufzusteigen. Nach seinem Londoner Exil war auch Francesco Crispi nach Oberitalien zurückgekehrt und versuchte nun, Garibaldi für den Plan einer sizilianischen Expedition als Verbündeten zu gewinnen. Der Sizilianer Crispi muss Garibaldi in die jüngsten Entwicklungen der sizilianischen Geschichte eingeweiht haben, die Garibaldi aufgrund seiner fast zwanzigjährigen Abwesenheit in Süd- und Nordamerika gar nicht kennen konnte. Was Crispi aber offenbar nicht gelang, war, Garibaldi mit den Eigenarten des sizilianischen Wesens bekannt zu machen. Nur so sind grobe Fehleinschätzungen und Missverständnisse Garibaldis und seines Generals Nino Bixio während des Zugs durch Sizilien zu erklären.

Zu Beginn des Zweiten Unabhängigkeitskriegs gegen Österreich im Jahr 1859 ernannte Cavour Garibaldi zum General des piemontesischen Heers. Auch Crispi war nicht untätig geblieben. In einer Geheimmission hatte er sich nach Sizilien begeben, um die Invasion vorzubereiten. Er versuchte mit Erfolg, die Bevölkerung – Adel und Landarbeiter – zum Aufstand zu bewegen. Aber weder der König von Piemont-Sardinien, Viktor Emanuel II., der Garibaldi das geforderte Regiment verweigerte, noch sein Premierminister Cavour unterstützten eine bewaffnete Expedition nach Sizilien, an deren Erfolg ohnehin nur wenige im Land zu glauben schienen. In kürzester Zeit konnte Garibaldi die nicht unerhebliche Geldsumme von 94 000 Lire aufbringen und schiffte sich trotz aller Widerstände am 6. Mai 1860 im Hafen von Genua mit einer Mannschaft ein, deren militärische Ausrüstung allerdings schon damals als museumsreif galt. Cavour erließ nun den Befehl, die Expedition aufzuhalten, falls die Schiffe auf Sardinien im Hafen von Cagliari anlegen würden. Auf offener See hingegen sollten sie nicht behelligt werden. Diese Entscheidung Cavours ist bemerkenswert, weil sie Garibaldi letztlich unterstützte. Andererseits muss sich Cavour angesichts der unlängst an britische Minenbaugesellschaften vergebenen Lizenzen auf Sardinien der Gefahr einer Unruhe in der Arbeiterschaft bewusst gewesen sein, wenn Garibaldi in Cagliari auftreten würde, um Mitstreiter zu rekrutieren. Tatsächlich legten die beiden Schiffe Garibaldis im toskanischen Talamone an, um neue Waffen und Freiwillige zu akquirieren. Auch diese Aktion wurde von Cavour toleriert, obwohl die Toskana seit zwei Monaten ebenfalls zum Königreich Piemont gehörte.

Am 11. Mai erreichte Garibaldi unbehelligt den Hafen von Marsala in Westsizilien. Zum Mythos des Zugs der Tausend gehört die Anekdote, Garibaldi habe von Fischern vor der Küste Siziliens den Hinweis erhalten, dass zum Zeitpunkt seiner Landung in Marsala keine schlagkräftige Garnison stationiert sei. In Wahrheit hatte der König beider Sizilien, Franz II., Kriegsschiffe nach Marsala geschickt. Ein Rätsel der Geschichte ist, warum die bourbonische Besatzung bei Garibaldis Ankunft nicht eingriff. Da zu dem Zeitpunkt zwei britische Schiffe im Hafen von Marsala lagen, ist nicht auszuschließen, dass britische Interessen mit im Spiel waren. Der erste Zusammenstoß mit bourbonischen Soldaten fand am 15. Mai in Calatafimi in den Bergen südwestlich von Palermo statt. Nach heftigen Kämpfen konnten die Anhänger Garibaldis die Schlacht für sich entscheiden. Daraufhin schlossen sich viele junge Sizilianer begeistert den «Rothemden» Garibaldis an. Nach dreitägigen Straßenkämpfen zog Garibaldi in Palermo ein. Europa verfolgte mit einer Mischung aus Bestürzung und Enthusiasmus das ungewöhnliche Schauspiel, in dem es einer Handvoll Bewaffneter gelungen war, ein reguläres Heer zu besiegen und die Existenz eines Königreichs in Frage zu stellen.

Cavour befand sich in einer zwiespältigen Lage. Garibaldi hatte im Namen des Königs von Piemont den Titel eines Diktators von Sizilien angenommen und schien sich gegenüber Viktor Emanuel loyal zu verhalten. Andererseits äußerte er den Entschluss, bis nach Rom marschieren zu wollen, das seit 1849 unter französischer Kontrolle stand. Der Entschluss wurde durch England zumindest auf diplomatischem Wege unterstützt. Die Besetzung Roms hätte den Schutzherrn des Heiligen Stuhls, Napoleon III., auf den Plan gerufen und damit das Friedensabkommen zwischen Frankreich und Piemont in Gefahr gebracht. Ein weiterer, entscheidender Grund für Cavours Zwiespalt lag in der Vorahnung, dass der Anschluss Unteritaliens und Siziliens eine zukünftige italienische Regierung vor unlösbare wirtschaftliche und soziale Probleme stellen würde. Es ist ein patriotischer Mythos, dass Cavour von Beginn an die Einigung Italiens vor Augen gehabt habe. Vielmehr hatte Cavour die Vision eines dreigeteilten Italien, die er 1859 zusammen mit Napoleon III. entworfen hatte: Erstens Oberitalien vom Apennin bis zu den Alpen, zweitens Mittelitalien mit Ausnahme Roms und Latiums, und drittens Süditalien mit Sizilien in den bestehenden Grenzen des Königreichs, aber unter französischer Regierung. Cavour hielt die Einigung Italiens unter dem Haus Piemont bis Ende der 1850er Jahre auch deshalb für utopisch, weil die politische Landschaft der europäischen Nationalstaaten noch keine klaren Konturen besaß. Sizilien mit seinen Landbaronen, Großgrundbesitzern und landlosen Tagelöhnern bildete zudem die Antithese zu den piemontesisch-lombardischen Bauern und ihrem jüngst erworbenen Wohlstand. Im agrarisch strukturierten Süditalien galten nicht die gleichen Voraussetzungen für eine industrielle Revolution, wie sie sich in der Po-Ebene abzuzeichnen begann. Dazu kamen die mentalen Gegensätze. Tomasi di Lampedusa fasste diesen Zwiespalt Cavours in der Person des Piemonteser Gesandten Chevalley zusammen: «Ängstlicher Gemütsart, von Natur bürokratisch, gemartert von einander entgegengesetzten Ängsten: einmal, in eine Welt gekommen zu sein, die seine Gewohnheiten überstieg, und dann wie einer, der unschuldig in einen Hinterhalt geraten war, unter die Räuber.»

Anschließend lässt Lampedusa in einem ergreifenden Monolog vor den Augen des Lesers ein Sittenbild Siziliens entstehen: «Sizilien, die Umwelt, das Klima, die sizilianische Landschaft. Das sind die Kräfte, die zugleich – und vielleicht mehr als alle Fremdherrschaften und Schändungen – unseren Geist gebildet haben: diese Landschaft, die keine Mitte kennt zwischen üppiger Weiche und vermaledeiter Wüste; die niemals eng ist, nie nur bescheidene Erde, ohne Spannung, wie ein Land sein müsste, das vernünftigen Wesen zum Aufenthalt dienen soll. Diese Heftigkeit der Landschaft, diese Grausamkeit des Klimas, diese ständige Gespanntheit, wohin man auch blickt, auch diese Denkmäler der Vergangenheit, großartig, aber unbegreiflich, weil nicht von uns errichtet.»

Cavour glitten zu diesem Zeitpunkt die Fäden aus der Hand, aber er spielte noch mit. Da er den Erfolg Garibaldis nicht mehr verhindern konnte (nachdem er die Aktion selbst nicht ernsthaft hatte verhindern wollen), versuchte Cavour, seinem Gegenspieler und dessen demokratisch-republikanischen Unterstützern den Wind aus den Segeln zu nehmen, indem er Garibaldis Führungsqualitäten in Zweifel zog. Es begann ein Grabenkrieg, in dem Cavour zunächst wenig Profil gewinnen konnte, aus dem er aber siegreich hervorgehen sollte. Weder gelang es ihm, Garibaldi von einer Vereinigung Siziliens mit Piemont zu überzeugen noch ihn an der Fortsetzung seiner Expedition nach Unteritalien zu hindern. De facto stand Sizilien unter der Befehlsgewalt Garibaldis und Crispis. Auch konnte Cavour nicht verhindern, dass Garibaldi am 7. September im Triumphzug in Neapel einzog. Immerhin gelang es ihm, Napoleon III. davon zu überzeugen, piemontesische Truppen an den Grenzen des Kirchenstaats zu stationieren, um ein Vorrücken Garibaldis in Richtung Rom zu verhindern. Die Auseinandersetzung gipfelte in einem Brief Garibaldis an Viktor Emanuel vom 11. September, in dem er den König zu überzeugen suchte, seinen Premier zu entlassen. Cavour hatte diesen Schachzug vorausgesehen. Nach einer Audienz am 8. September hielt er die Vollmacht in Händen, im Parlament eine Petition für eine Volksabstimmung in Sizilien und Unteritalien einzubringen. Am 21. Oktober 1860 entschieden sich die Sizilianer mit einer absoluten Mehrheit für den Anschluss an das Königreich Piemont-Sardinien. Die Aussicht auf einen republikanischen Staatenverbund, wie ihn Garibaldi, Crispi und ein Teil der Sizilianer vor Augen hatten, geriet in weite Ferne. Noch einmal hatte die vorsichtige Diplomatie des Theoretikers Cavour über den charismatischen Pragmatismus Garibaldis den Sieg davongetragen.

Für Garibaldi, der bereits auf den angekündigten Marsch auf Rom verzichtet hatte, blieb nur ein einziger Schachzug, um seinen Namen als legendärer Feldherr und Politiker noch in das Buch der Geschichte zu schreiben: Er musste seinem neuen Lehnsherrn, dem König von Piemont-Sardinien, in der Rolle eines Vasallen die glorreich erworbenen Ländereien persönlich übergeben. Dazu bedurfte es einer spektakulären Demutsgeste. Garibaldi knüpfte mit dieser Idee zweifellos an mittelalterliche Vorstellungen an. Legendäre Gestalten wie Robert Guiscard und Roger I. hatten Sizilien als Vasallen ihres Lehnsherrn erobert und sich damit selbst zu Herren dieses Landes ausgerufen. Tatsächlich beschloss Viktor Emanuel an der Spitze des piemontesischen Heeres – gegen die französischen Interessen und gegen die frankophilen Bedenken Cavours – die Grenzen des Kirchenstaates nach Süden zu überschreiten und Garibaldi entgegenzureiten. Damit kam Viktor Emanuel einer Auseinandersetzung Garibaldis mit den Franzosen zuvor. Aber was viel wichtiger war: Er handelte in derselben Weise, wie sich ein mittelalterlicher Herrscher verhalten hätte, um sich seiner Lehen zu versichern. Es ist offensichtlich, dass ein aufgeklärter Geist wie Cavour in diesen Dimensionen gar nicht denken konnte. Nachdem Garibaldi in einer Entscheidungsschlacht die bourbonischen Truppen des Königs beider Sizilien am Volturno besiegt hatte, kam es am 27. Oktober 1860 in Teano zu dem legendären Treffen mit Viktor Emanuel, bei dem ihn Garibaldi als König des geeinten Italien akklamierte. Der Handschlag, mit dem der König Garibaldi empfing, war nichts anderes als das Umschließen der Hände eines Vasallen.

Garibaldi hatte den Kampf gegen das bourbonische Königshaus beider Sizilien gewonnen, aber er hatte seine Vision einer

Republik Italien im Kampf mit seinem Rivalen Cavour verloren. Dennoch hatte er eines erreicht: Er war nun unantastbar. Es ist nicht ausgeschlossen, dass Garibaldi immer noch darauf spekulierte, als Gouverneur eines autonomen Sizilien eingesetzt zu werden. Es kann nicht der Diplomatie Cavours zugeschrieben werden, dass es nicht dazu kam, sondern vielmehr der politischen Entwicklung in Sizilien selbst. Von dem Moment an, in dem Garibaldi in Marsala an Land gegangen war, war er der Landbevölkerung Siziliens gegenüber als Befreier und Rächer aufgetreten, der sie aus ihrer Ausweglosigkeit herausführen würde. Garibaldi war der lang ersehnte Heiland, und er muss den leibeigenen Bauern wie ein Messias vorgekommen sein. Eine der ersten populistischen Aktionen der provisorischen Regierung Siziliens sah die Abschaffung der Getreidemahlsteuer vor. Auch das Dekret, das die Verteilung der kommunalen Güter regelte, schürte die Hoffnungen der landlosen Stände auf Erlösung. Aber die Kapazitäten Garibaldis, Wunder zu bewirken, waren begrenzt. Auch wusste er, dass die Begeisterung von heute auf morgen in Anarchie umschlagen konnte. Was er nicht wusste: dass in Sizilien auf Versprechen sofort Taten folgen müssen. Das hieß, dass er Privilegien nicht nur einfach aufheben, sondern auch neu verteilen musste. In Sizilien zu sagen: «Ich komme morgen wieder», bedeutet soviel wie: «Ich komme nie mehr wieder.» Das hätte er von Crispi lernen können. Es kann nur der völligen Fehleinschätzung des sizilianischen Wesens von Seiten eines Norditalieners und der Unkenntnis der jüngeren Geschichte Siziliens zugeschrieben werden, dass Garibaldi Bauernaufstände, die sich gegen den Landadel richteten, mit militärischen Mitteln niederzuschlagen versuchte. Als am 4. August 1861 in Bronte, einem der fruchtbaren Landstriche am Fuß des Ätna im Osten der Insel, der Mob den Palast des Barons stürmte und ihn und seine Familie umbrachte, zögerte Nino Bixio, der Statthalter Garibaldis, nicht, im Ort wahllos Erschießungen durchführen zu lassen. Einem Dutzend Männer wurde drei Jahre lang der Prozess gemacht. Giovanni Verga hat die Umstände der Massaker, die von beiden Seiten begangen wurden, 1880 in seiner Novelle *Libertà* (Freiheit) geschildert: «Vom Glockenturm wehte ein dreifarbiges Tuch, die Glocken läuteten Sturm, und auf dem Platz fingen sie an zu schreien: ‹Es lebe die Freiheit!› Und das Blut dampfte und machte trunken. Die Sicheln, die Hände, die Lumpen, die Steine, alles rot von Blut! ‹Auf, gegen die Herren, gegen die mit den Hüten! Mordet! Schlagt sie tot! Alle die mit den Hüten!›» Die historischen Gründe für den Aufstand sind bis heute ungeklärt. Wahrscheinlich handelte es sich um Unruhen, die vom Landadel benachbarter Feudalstädte gelenkt und finanziert wurden, vielleicht handelte es sich aber auch um eine Aktion fanatischer Bauern, die sich den Rothemden Garibaldis anschließen wollten, um an der versprochenen Neuverteilung der Feudalgüter Anteil zu haben.

Die Bevölkerung war enttäuscht. Viele Anhänger Garibaldis begingen Fahnenflucht, es kam auch zu antigaribaldinischen Aufständen. Marodierende Soldaten zogen plündernd durch die Insel. Hier liegt der Beginn eines Phänomens, das bis in das 20. Jahrhundert überdauern sollte: das Brigantentum. Es handelte sich um locker organisierte Verbände Bewaffneter, eine «Söldnerguerilla», die selten autonom handelte, sondern von Interessengruppen gemietet und instrumentalisiert wurde. Diese Briganten durchstreiften schon in der Geburtsstunde des neuen italienischen Staates mordend und brandschatzend das Land. Garibaldi hatte am Ende die Masse der Bauern und des Adels enttäuscht, die Tagelöhner ebenso wie die Großgrundbesitzer, die zu dem Entschluss kamen, dass ein aus dem fernen Turin regierender König besser als ein bourbonischer Vizekönig oder ein republikanischer Gouverneur im eigenen Land sei, weil sich eine Insel wie Sizilien immer der Kontrolle eines zentralistisch geführten Staatsapparates entziehen konnte. Darin liegt der Grund für die überwältigende Mehrheit beim Volksentscheid vom 21. Oktober des Jahres 1860. Die Mehrheit für den Anschluss Siziliens rekrutierte sich aber nicht aus Analphabeten, sondern aus denjenigen, die zu den Archiven und Bibliotheken Zugang hatten, die Geschichtsbücher lesen und verstehen konnten. Es waren die gebildeten Schichten, die den Anschluss Siziliens an das Königreich entschieden. Unter dem wachsamen Auge der Dorfpfarrer und Landbarone gingen die

Bauern zur Wahl, um ihr *Si* oder *No* auf dem Stimmzettel anzukreuzen.

Es ist verführerisch, darüber zu spekulieren, inwieweit Garibaldi die Geschichte und Architektur Siziliens im Mittelalter kannte. Im Jahr 1835 publizierten Jakob Ignaz Hittorff und Ludwig Zanth ihre *Geschichte der neuzeitlichen Architektur Siziliens*, und 1838 erschien der monumentale Band über den Dom von Monreale und die normannischen Kirchen Siziliens des Palermitaner Architekten Domenico Lo Faso Pietrasanta, Herzog von Serradifalco. Lo Faso Pietrasanta war der Cicerone illustrer Reisender aus Nordeuropa, unter anderem des Kronprinzen von Bayern. Er widmete sich dem Quellenstudium im gleichen Maße wie den aufklärerischen Ideen der zeitgenössischen Architekturtheorie. Wir befinden uns in der Zeit, in der in Sizilien die ersten Institutionen zur Erhaltung der Denkmäler gegründet und die Kirchen und Paläste der Normannen im «normannischen Stil» wiederaufgebaut und restauriert werden. Als Garibaldi sich von Marsala aus der Stadt Palermo näherte, wählte er den Weg über die Berge. Es ist bemerkenswert, dass er dabei nicht von Westen über Partinico oder Monreale kam, sondern von Nordosten über den Pass von Gibilrossa. Dadurch war er gezwungen, den Fluss Oreto auf einer Brücke zu überschreiten, die seit dem Mittelalter den Ruhm genoss, die erste dreibogige Steinbrücke des christlichen Abendlandes gewesen zu sein: der Ponte dell'Ammiraglio, die Georg von Antiochien, erster Minister und Admiral des Normannenherrschers Roger II., zu Ehren seines Königs um 1132 hatte bauen lassen. An dieser Brücke kam es am 27. Mai 1860 zum Zusammenstoß mit bourbonischen Truppen. Falls Garibaldi die Geschichte Siziliens im Mittelalter kannte, musste die Brücke für ihn den symbolträchtigsten Ort vor den Toren Palermos darstellen, den es gab: ein «Erinnerungsort», der den Mythos Garibaldi festschreiben sollte.

Renato Guttuso hat den Kampf um den Ponte dell'Ammiraglio in einem Ölgemälde von 1952 festgehalten. Die Brücke wird im linken Bildviertel von einer Pinie überschnitten, die wie eine Barriere dem Ansturm der Garibaldiner entgegensteht. Auf und unter dem Brückenbogen sind blau uniformierte bourbonische

Renato Guttuso, Battaglia di Ponte dell'Ammiraglio, 1952, Uffizien, Florenz
Foto: akg-images / Pirozzi, © Renato Guttuso / VG Bild-Kunst

Soldaten dargestellt, die im Kampf vor- und zurückweichen. Die dominante Bildfarbe ist das Rot der Garibaldiner. Dieses Rot geht bei der Figur eines erschossenen Bauern im Vordergrund in das Blut seiner Wunden über. Er liegt ausgestreckt auf den Trümmern seines bemalten Karrens, als wäre er – wie ein Märtyrer – auf ein Rad geflochten. Das Gesicht zeigt die Züge des Künstlers Guttuso. Das monumentale Gegenstück zu dem sterbenden Bauern – auf der Bilddiagonalen rechts oben – ist die Figur Garibaldis, vor einer italienischen Trikolore; er scheint die Tragödie sterbender Zivilisten überhaupt nicht zur Kenntnis zu nehmen. Doch besteht seine Monumentalität in der Starrheit eines Reiterstandbilds. Die Monumentalität des Bauern dagegen besteht in der Kombination von nahsichtigem Totenportrait und Stillleben, das neben ihm in einem Korb mit Orangen ausgebreitet ist. Guttuso entlarvt in diesem Bild den Mythos Garibaldi, der sich mit der Schlacht um die Brücke des normannischen Admirals selbst als «Admiral seines Königs» empfehlen wollte.

Ein Satz von Giuseppe Tomasi di Lampedusa erscheint wie ein Kommentar dazu: «Etwas Neues zieht uns nur an, wenn es schon verblichen ist, unfähig, strömendem Leben Raum zu geben; daher die verwunderliche Erscheinung, dass sich gegenwärtig Mythen bilden, die verehrungswürdig sein würden, wenn sie wirklich alt wären, die aber nichts weiter sind als unglückselige Versuche, in eine Vergangenheit einzutauchen, die uns nur, weil sie tot ist, anzieht.»

20. Von Salvatore G. bis Silvio B. – I. Akt: Amerikas 49. Bundesstaat

Sizilien ist der Boden für Metamorphosen: Menschen werden zu Mythen, aus den Mythen entstehen unsterbliche Helden. Die lange Reihe der sizilianischen Mythen beginnt mit dem Philosophen Empedokles, der seine menschliche Herkunft dadurch verschleiern wollte, dass er in den brodelnden Krater des Ätna sprang. Die Götter der Unterwelt goutierten diesen Betrug nicht, und der Vulkan spuckte seine Sandalen wieder aus. Jede Beschäftigung mit den Unsterblichen, vor allem die schriftliche, macht sie noch unantastbarer und bedeutet einen weiteren Schritt, sie zu mythifizieren, weil das geschriebene Wort selbst im Verdacht steht, unsterblich sein zu wollen.

Einer der ersten Mythen des 20. Jahrhunderts in Sizilien war ein Bauernbursche aus Montelepre, einem Landstädtchen fünfzehn Kilometer westlich von Palermo. Sein Name war Salvatore Giuliano (1922–1950), und seine Banditenlaufbahn begann mit mehreren Polizistenmorden. Seinen Beinamen «König von Montelepre» und damit seinen Mythos begründete Giuliano durch die Verteilung gestohlener Lebensmittel, die er mit Hilfe anderer Briganten aus Überlandtransporten akquirierte und der Bevölkerung seines Dorfes schenkte. Er stand zunächst unter dem Schutz der örtlichen Mafia und sorgte durch Entführungen für einträgliche Lösegelder. Bis zuletzt wurde Giuliano von führenden Carabinieri gedeckt, die im Auftrag der Mafia seine Erschießung in einem Hinterhof in Castelvetrano filmreif inszenierten. Giuliano war schon Stunden zuvor entweder von seinem Cousin Gasparre Pisciotta oder von dem Killer Luciano Liggio ermordet worden, der im Auftrag des Mafiabosses von Monreale, Ignazio Miceli, die Exekution Giulianos ausführte. Es besteht kein Zweifel daran, dass die Landmafia mit der Beseitigung des bis in höchste politische Kreise verstrickten unliebsamen Mitwissers Giuliano auf die Agrarreform reagierte, die von der *Democrazia Cristiana* in die Wege geleitet wurde und die für die mafiosen Großgrundbesitzer günstig ausfallen sollte.

Als Francesco Rosi 1961 im sizilianischen Montelepre den Film *Wer erschoss Salvatore G.?* drehte, machte er den Tod des Briganten Salvatore Giuliano zum Ausgangspunkt seiner Geschichte. Rosi versuchte, die Fiktionalität des Films abzuschwächen, indem er wie in einem Dokumentarfilm einen unsichtbaren Erzähler einsetzte. Die Schauspieler, die fast ausschließlich aus Laiendarstellern bestanden, werden in der Regel als Gruppen und aus erhöhter Perspektive gefilmt. Die Einstellungen gehen meist von einer Totalen aus und vermeiden Nahaufnahmen einzelner Details. Eine der eindrucksvollsten Einstellungen des Films zeigt den Protagonisten als aufgebahrten Leichnam, verkürzt dargestellt, dem Betrachter die Fußsohlen zugewandt: wie der perspektivisch verkürzte tote Christus in dem berühmten Gemälde des Renaissancemalers Andrea Mantegna. Das ist der erste und einzige Moment im Film, in dem der Zuschauer das Gesicht des Protagonisten aus der Nähe sieht. Dann, in der Rückblende, entfernt es sich, wendet sich vom Betrachter ab: Der Akteur wird zum Helden ohne Gesicht. Rosis Absicht war es, den Mythos Giuliano zu demontieren. Nach den ersten Vorführungen vor Bauern aus Montelepre, die vierzehn Jahre zuvor selbst die Vorgänge um Giuliano erlebt hatten, zeigte sich jedoch, dass die physiognomische Leerstelle die Mythifizierung Giulianos nur verstärkte: Jeder der Zeitgenossen erkannte sich selbst in der Figur des Helden wieder. Ergriffen bestätigten sie die Authentizität der geschilderten Ereignisse, die Sizilien am 1. Mai 1947 erschüttert hatten.

Im März 1946 hatte Churchill die Welt über die Existenz des

Eisernen Vorhangs aufgeklärt, der nun den Westen vom Osten trennte. Es begann die Zeit des Kalten Kriegs. Für die junge Republik Italien war es die Zeit größter Anstrengungen, sich als demokratisches Mitglied des westlichen Staatenbundes zu präsentieren. Die Reise des italienischen Ministerpräsidenten Alcide De Gasperi in die Vereinigten Staaten im Mai 1947 sollte ein Signal für den Weg Italiens aus dem Faschismus sein und die Entschlossenheit bekunden, sich nach Westen zu orientieren. Italien erfüllte mit dem kurz darauf erfolgten Ausschluss der sozialistischen und kommunistischen Partei aus der Regierung eine Bedingung der USA, an der Wirtschaftshilfe des Marshall-Plans teilzuhaben. Zudem erschien nach der Ratifizierung der republikanischen Verfassung und nach Abschluss des unpopulären Friedensvertrags eine weitere Zusammenarbeit mit der Linken nicht mehr opportun. Ein Jahr zuvor, im Juni 1946, waren die beiden Parteien wider Erwarten mit 39,7 Prozent aus den Wahlen hervorgegangen. Damit besaßen sie 4,5 Prozent Vorsprung vor der *Democrazia Cristiana* (DC). Bemerkenswert ist, dass in dem gleichzeitigen Volksentscheid über den neuen institutionellen Aufbau Italiens die Monarchisten unter König Umberto II. von Savoyen den größten Teil ihrer fast 11 Millionen Stimmen (= 45,7 Prozent für die Monarchie) in den Einzugsgebieten von Neapel und Palermo erhielten. Das stellte eine ernsthafte Gefahr für die junge Republik dar. Nach der Regierungsübernahme De Gasperis musste die königliche Familie Italien verlassen.

Filmszene aus «Salvatore Giuliano» von Francesco Rosi, 1961

In Sizilien sahen sich die Großgrundbesitzer, die *latifondisti*, nach dem Volksentscheid mit einer neuen Situation konfrontiert, auf die sie reagieren mussten. Die beste Alternative schien nicht – wie noch 1860 – ein Stillhaltepakt mit einer möglichst fernen Zentralregierung, sondern die Suche nach neuem «Terrain». Sie beschlossen, ihren Aktionsradius über die Grenzen Italiens und Europas hinaus auszudehnen, und gingen damit viel weiter, als es noch die Kolonialpolitik Mussolinis («Italien beginnt südlich von Sizilien») versprochen hatte. Es ging ihnen jetzt um die Abspaltung Siziliens als unabhängigen Staat. Damit übernahmen sie pikanterweise eine Position der Linken. Noch 1943, vor der Landung der Alliierten, hatte Antonino Canepa, Universitätsprofessor und Kommunist aus Caltanissetta, das berühmte Manifest *La Sicilia ai siciliani* (*Sizilien den Sizilianern*) herausgegeben. Aber im Gegensatz zu Canepas Forderung nach Autonomie und *sicilianità* sollte das Sizilien der Großgrundbesitzer unter dem internationalen Schutz der neuen Weltmacht USA stehen, die sich nach dem Krieg dem Antibolschewismus verschrieben hatte: Sizilien als 49. Stern auf dem Banner Amerikas, ein leuchtender Stern, der von Washington weiter entfernt lag als von Rom und noch schwieriger zu kontrollieren war. So dachten die *latifondisti*, ihre neuen internationalen Geschäfte besser steuern zu können. Der von Mussolini propagierte «*Assalto al latifondo*», der «Angriff auf den Großgrundbesitz», hatte für die Landbarone und Großpächter (*gabellotti*) in Sizilien einen Einkommens- und Machtverlust bedeutet. Sie waren durch die Ansiedlung von fremden Bauern auf ihren brachliegenden Ländereien und die zwangsweise Einführung der Halbpacht schwer gedemütigt worden. Nach dem Ende des Faschismus rehabilitierten sie den museumsreifen Separatismus als neue Form des politischen Überlebens. Die *Questione Meridionale*, die Süditalienische Frage, wurde damit noch komplizierter, aber sie war aktueller denn je.

Die Regierungsparteien befanden sich im Alarmzustand, als am 20. April 1947 bei der Abgeordnetenwahl des autonomen sizilianischen Regionalparlaments Kommunisten und Sozialisten zusammen die relative Mehrheit erringen konnten. Die Linke hatte nicht nur die Stimmen der Bauern auf dem Land, sondern auch der Intellektuellen und liberalen Autonomiebewegung in den Städten gewonnen. Nachdem Sizilien im Mai 1946 den Status einer autonomen Region erhalten hatte, war auch bei der Linken der offizielle Ruf nach einer Abspaltung Siziliens von Italien der Forderung nach mehr Autonomie gewichen. Aber vor allem in den Köpfen der Liberalen und Monarchisten spukte immer noch das Gespenst des Separatismus: Sizilien war zu lange das Anhängsel fremder Staaten gewesen. Das rief einen Mann auf den Plan, der aus seinen autoritären, nationalpolitischen Neigungen kein Hehl machte: Mario Scelba, Innenminister des Kabinetts De Gasperi, Befehlshaber der Carabinieri, Alliierter des Klerus und – Sizilianer.

1990 schrieb Scelba in seinen Memoiren: «Salvatore Giuliano war mit einem Monsignore freundschaftlich verbunden, dem er Geld für die Armen geschickt hatte, das natürlich geraubt war. Als Gegenleistung versteckte der Monsignore mehrmals Giuliano in einem Frauenkloster, in dem ihn der Monsignore als braven Burschen vorstellte.» Scelba verschwieg, ob es sich bei dem «Monsignore» vielleicht um den Erzbischof von Monreale handelte. Monreale ist seit der Normannenzeit die größte Diözese Siziliens. Zu ihr gehört auch der Ort Corleone, die Geburtsstadt Salvatore Giulianos. 1978 wurde einer der Nachfolger des «Monsignore», Salvatore Cassisa, zum Erzbischof von Monreale geweiht. Im Jahr 1993, nach dem Papstbesuch in Monreale, wurde Cassisa beschuldigt, von einer Baufirma, die an der Restaurierung des Doms beteiligt war, Schmiergelder von umgerechnet 300 000 Euro angenommen zu haben. Monsignore Cassisa wurde schließlich von dem Vorwurf der Veruntreuung von Geldern der öffentlichen Hand (und der EU!) mangels Beweis freigesprochen. Cassisa war unantastbar. Er blieb bis 1997 im Amt.

Noch im Frühjahr 1945 traf sich Salvatore Giuliano mit führenden Vertretern der sizilianischen Separatistenbewegung, deren militantem Flügel (EVIS) er im Rang eines Oberst beitreten sollte. Nach fünf Überfällen auf Kasernen der Carabinieri und anschließenden Verhaftungen erklärte Innenminister Scelba die separatistische Revolte offiziell für beendet. Doch ereignete sich zwei Jahre später, am 1. Mai 1947, an der Portella della Ginestra, einer Gebirgswiese in der Nähe des Ortes Piana degli Albanesi südwestlich von Palermo, ein weiterer Mordanschlag. Dort hatten sich am Maifeiertag Bauernfamilien und Ortsverbände der aus den jüngsten Wahlen siegreich hervorgegangenen linken Blockparteien zusammengefunden, um gemeinsam den Tag der Arbeit zu feiern. Als um 10.30 Uhr der Schuhmacher und sozialistische Parteisekretär aus Piana degli Albanesi seine Rede begann, wies Giuliano seine Leute aus einem Hinterhalt an, mit Maschinengewehren in die Menge zu schießen. Elf Menschen, darunter auch Kinder, starben, dreiunddreißig Menschen wurden zum Teil schwer verletzt.

Während der Vorsitzende der Kommunistischen Partei Siziliens die Täter unter den «Mafiabossen, Gabellotti, den Monarchisten und Rechtsliberalen» vermutete, konnte Innenminister Mario Scelba im Parlament bereits am 2. Mai mit einer offiziellen Stellungnahme aufwarten, die er am 9. Mai in einem Interview mit der Zeitung *Giornale di Sicilia* öffentlich wiederholte: «Das Verbrechen fand in einem eng umgrenzten Gebiet statt, in dem eine feudalistische Mentalität heimlich überdauert hat. Es handelt sich nicht um eine politisch motivierte Tat: keine politische Partei würde es wagen, eine solche Tat zu organisieren. Auf die Menge der Arbeiter wurde geschossen, nicht weil sie Arbeiter waren, sondern weil sie sich schuldig gemacht hatten, ein neues Recht einzufordern. Der Regelverstoß (*offesa*) wurde gerächt, so wie man auf einen einzelnen schießen würde, von dem man irgendein Unrecht erfahren hat, sei es persönlicher oder familiärer Art.» Bewusst oder unbewusst verwendete Scelba eine doppeldeutige Diktion und streute in seine Aussage Begriffe ein, die einem mafiosen Wortschatz entstammten und zwischen den Zeilen wie eine Botschaft gelesen werden konnten. Das Massaker von Portella galt nur als Startschuss für weitere antikommunistische Anschläge. Am 22. Juni ereigneten sich bewaffnete Überfälle auf die Büros der kommunistischen Partei in Partinico, Carini, San Giuseppe Jato, Borgetto, Cinisi, Montelepre und Monreale, die mehrere Tote und Verletzte forderten. Dieses Mal hinterließen die Täter ein Flugblatt, das «die jungen Sizilianer zum bewaffneten Aufstand» gegen den Kommunismus aufforderte und über die Existenz eines Hauptquartiers in den Bergen von Ságana bei Montelepre informierte, in dem ein Heer freiwilliger Kämpfer ausgebildet werde. Das Flugblatt trug die Unterschrift von Salvatore Giuliano, das Papier des Flugblatts das Wasserzeichen mit den *Stars and Stripes* der amerikanischen Streitkräfte.

Innenminister Scelba sprach im Zusammenhang mit dem Massaker in Portella della Ginestra nun auch von der politisch motivierten Tat eines Banditen, aber er blieb bei seiner Version eines Einzeltäters, der dem Staat aus persönlichen Motiven schaden wolle. Auch diese Aussage hatte schwerwiegende Konsequenzen. Scelba bestritt weiterhin eine soziale oder parteipolitische Dimension der Aktionen; er behauptete so die Unschuld der Landbarone und nahm ihre monarchistischen und rechtsliberalen Parteifreunde aus dem Kreuzfeuer. Zusätzlich entledigte sich Scelba der Verantwortung, die Existenz einer ehrenwerten Gesellschaft in Sizilien einzugestehen, die seit Jahrzehnten auf dem Land agierte und von den Palästen der kleinen Feudalstädtchen rund um die neun Provinzhauptstädte Palermo, Trapani, Agrigent, Caltanissetta, Enna, Messina, Catania, Ragusa und Syrakus ihre Fäden zog. Der Bürger war nun von höchster Stelle autorisiert, die Existenz der Mafia zu leugnen und als Erfindung einer feindlichen, kommunistischen Propaganda schnell wieder aus seinem Bewusstsein zu verdrängen. Auch Leugnen war ein Bestandteil der *omertà*, wie sie in den mafiosen Geheimbünden seit dem 19. Jahrhundert gepflegt wurde, nur schien sie jetzt staatlich verordnet zu sein.

Es wäre Spekulation, zu behaupten, die italienischen und amerikanischen Geheimdienste hätten das Netz der Ereignisse mitgeknüpft, wenn es nicht zwei Beweise dafür gäbe. Ein Gefolgsmann Giulianos, der Brigant Rosario Candela, gestand dem Senator und sizilianischen Kommunistenführer Girolamo Li Causi, dass es das Ziel des Massakers von Portella della Ginestra gewesen sei, die Kommunisten zu Reaktionen zu provozieren, die sie offen in die Illegalität getrieben und damit angreifbar gemacht hätten. Die jüngsten Aussagen William E. Colbys (gest. 1996), der unter Nixon und Ford 1973–1976 das Amt des

CIA-Direktors bekleidete, bestätigten den damaligen Plan des Pentagon, Sizilien durch amerikanische Truppen besetzen zu lassen, falls die Kommunisten in den für April 1948 festgesetzten italienischen Parlamentswahlen die absolute Mehrheit errungen hätten. Dazu brauchten die Amerikaner den Mythos vom «Freiheitskämpfer» Salvatore Giuliano. Außer den umfangreichen Akten des in Viterbo stattfindenden Prozesses gegen die Mörder von Portella della Ginestra gibt es Dokumente, die die Annahme einer Verbindung zwischen prominenten Amerikanern und dem «König von Montelepre» untermauern. In welcher Absicht hatte Michael Stern, Journalist, Ex-Major des amerikanischen Heeres, Geheimdienstmitarbeiter und Waffenschieber den Kontakt zu Giuliano gesucht? Welche Rolle spielte die Einschleusung eines italoamerikanischen Gangsters wie Lucky Luciano alias Salvatore Lucania nach Sizilien? Wer begünstigte und ermöglichte die legale Auswanderung des Schwagers und Statthalters Giulianos, Pasquale Sciortino, in die USA? Wer unterrichtete Giuliano über die Strategien, mit denen die Mafia die amerikanische Europapolitik instrumentalisieren wollte?

Salvatore Giuliano war quasi Analphabet. Aber er verfasste zahlreiche Schriften: offene Briefe in Zeitungen und rückblickende Manifeste, die er an die Untersuchungsrichter nach Viterbo schickte. Sie sind zum Teil konfus und grammatikalisch fehlerhaft, aber sie überraschen durch ihre Rhetorik, ihre geschliffene Diktion und ihren reichen Wortschatz. Es ist offensichtlich, dass Giuliano über Berater und Advokaten verfügte, mit deren Hilfe er seine Schriften verfasste. Darunter befanden sich – wie von Scelba selbst belegt – auch hohe Kleriker, die Giuliano in Einrichtungen der Kirche Unterschlupf gewährten. Nur mit Hilfe von Leuten, die die jüngsten politischen Entwicklungen kannten und die die unterschiedlichen Mentalitäten von Norditalienern und Angelsachsen einzuschätzen wussten, konnte Giuliano seinen neuen amerikanisch-demokratischen Traum formulieren. Wer aber – so fragten die Richter in Viterbo vergeblich – war der Auftraggeber des Massakers vom 1. Mai 1947?

Von den am Schwurgericht in Viterbo angeklagten Briganten

wurden Personen genannt, von denen keiner namentlich identifiziert und dingfest gemacht werden konnte. Denn es gab keinen *einzelnen* Auftraggeber. Es muss ein Gremium aus mehreren Personen gewesen sein, das die Entscheidungen traf und Direktiven gab. Erst die jüngsten Enthüllungen des Mafiabosses Tommaso Buscetta, erster prominenter *Pentito* («Reumütiger»), geben Auskunft über die Strukturen der Mafia seit den fünfziger Jahren. Möglicherweise existierte schon damals eine «dritte Ebene», ein Gremium der Paten, so wie heute die «*Cupola*», die über der militärisch-operativen Ebene der *Cosa Nostra* agiert. Nur international operierende Organisationen wie die sizilianische und die amerikanische Mafia konnten Interesse an einem ungestörten Wiederaufbau ihrer Strukturen nach dem Faschismus gehabt haben. Dass diese Strukturen bereits mit parteipolitischen Knotenpunkten in Sizilien vernetzt waren, beweist der Fall des Paten Vincenzo Rimi, einem Protegé Giulianos auf Sizilien, der den Parteivorstand der *Democrazia Cristiana* in Castellammare del Golfo innehatte und engste Kontakte zum christdemokratischen Minister Mattarella in Rom pflegte. Am 18. April 1948 errang die *Democrazia Cristiana* die absolute Mehrheit. Der gleichzeitige Entschluss des Papstes, alle Italiener, die sich zum Marxismus bekennen, zu exkommunizieren, wurde von Kräften innerhalb der *Democrazia Cristiana* als Signal zum Verbot des *Partito Comunista Italiano* (PCI) aufgefasst. Der Kalte Krieg hatte seinen Gipfelpunkt erreicht. Giuliano als militärischer Arm der Separatisten, die Sizilien zum 49. Bundesstaat der USA erheben wollten, war obsolet geworden. Tatsächlich verkörperte Amerika für Giuliano die Idee unbegrenzter Freiheit und Gerechtigkeit, die er in Italien nicht mehr zu finden glaubte. Über einen amerikanischen Journalisten schickte Giuliano einen Brief an den US-Präsidenten Truman, in dem er ihm versicherte, Sizilien sei «in der 87 Jahre andauernden nationalen Einheit wie eine armselige Kolonie» behandelt worden. «Der Aufbau unserer Organisation ist vollendet; wir verfügen über eine antibolschewistische Partei, die zu allem bereit ist, um den Kommunismus auf unserer Insel zu eliminieren.» Welche «Organisation» meint Giuliano hier? Was wusste Giuliano von dem Plan des Pentagon, im Falle eines kommunistischen Wahlsiegs bei den italienischen Parlamentswahlen Sizilien zu besetzen? In einem «Appell an das Volk», der kurz vor der Parlamentswahl im März 1948 im *Giornale di Sicilia* veröffentlicht wurde, fügte Giuliano hinzu: «Der Gedanke, der mich verzweifelt seit vier Jahren umtreibt, ist immer der gewesen, Sizilien von Italien abzutrennen und aus ihm einen Bundesstaat Amerikas zu machen.»

Sizilien ist der Boden, auf dem Legenden gedeihen. Salvatore Giuliano war gerade 28 Jahre alt, als er starb. Er ließ sich auf den Titelbildern internationaler Zeitschriften wie dem *Time Magazine* abbilden. Er trug zugleich das Gewand eines Heroen, der für die Gerechtigkeit und das Sizilianertum kämpfte; und er trug das Gewand des Märtyrers, in dem er am 5. Juli 1950 erschossen in einem Hinterhof in Castelvetrano aufgefunden wurde. Wer ihn verriet, lässt sich nur vermuten. Vielen galt er nach dem triumphalen Wahlsieg der *Democrazia Cristiana* als Unruhestifter und Anarchist. Die mafiosen Großgrundbesitzer und der italienische Staat profitierten gleichermaßen von seinem Tod. Offensichtlich hatte die Mafia ihre Strategie geändert. Mit der Auslieferung Giulianos wurde die Symbolfigur des Separatismus und damit die größte Gefahr für die Republik beseitigt. Es bleibt die Frage, *welche* Republik, *welcher* Staat: der Staat der Bürger oder der Staat der Mafia? Beide Staaten hatten einen Pakt geschlossen, der nicht nur in Sizilien und Italien, sondern weltweit neuartige Netzwerke versprach. Die Mafia verlagerte dazu ihr Aktionsfeld vom Land in die Städte und begann Fäden zu spinnen zwischen Wirtschaft, Banken und Politik.

In einem offenen Brief an den Chefredakteur des *Giornale della Sera* schrieb Giuliano im Dezember 1948: «Ich glaube, was auch andere überzeugen wird, dass die Gerechtigkeit nicht nur in den Gerichtssälen lebendig ist. Vielmehr existiert sie im Inneren jedes Menschen, der einen Sinn für Gerechtigkeit besitzt.» Es war die Freiheit und das Leben anderer, die Giuliano seiner persönlichen Vision von Gerechtigkeit geopfert hatte.

Die Ereignisse von Portella della Ginestra hätten nachträglich für die Legende Giulianos als «Rächer der Gerechten» missbraucht werden können, wenn sie nicht so tragisch und von so großer politischer Tragweite gewesen wären. Das Massaker, in das Politiker bis in höchste Regierungsämter verstrickt waren, stellte ein Verbrechen gegen die Menschlichkeit dar. Das Schlimmste aber war, dass die Umstände seiner politischen Deckung Vorbildcharakter hatten. Die stillschweigende Toleranz oder gar Unterstützung durch die Politik machte ähnliche Verbrechen in Italien erst populär.

1984 führten die Ermittlungen des Untersuchungsrichters Felice Casson, die einem Bombenattentat von 1972 gegen drei Carabinieri nachgingen, auf die Spur des Rechtsextremisten Vincenzo Vinciguerra, der der neofaschistischen Organisation *Ordine Nuovo* (Neue Ordnung) angehörte. Dieser sagte aus, er sei von Personen aus Regierungskreisen gedeckt worden, und bezeichnete das Attentat als Teil einer Strategie des Staates. Im August 1980 forderte der Bombenanschlag im Hauptbahnhof von Bologna 85 Tote und 200 Verletzte. Mit dem Anschlag wurde das in der Nachkriegszeit gegründete, international operierende antikommunistische Netzwerk *Gladio* (Schwert) in Verbindung gebracht, zu dem höchste Repräsentanten der italienischen Politik gehörten. Im Fall von Vincenzo Vinciguerra konnte Untersuchungsrichter Casson belegen, dass Geheimdienstmitarbeiter, Neofaschisten und Teile des *Gladio*-Netzwerks bis in die 1980er Jahre mehrere politisch motivierte Mordanschläge in Italien begangen hatten. Die Anschläge wurden Einzeltätern oder der politischen Linken angelastet, um den Einzug der mächtigen Kommunistischen Partei in die italienische Regierung zu verhindern. 1990 bekannte sich der damalige Ministerpräsident Giulio Andreotti öffentlich zur Existenz einer «Operation Gladio» des italienischen Militärgeheimdienstes *SISMI*.

Giuseppe Carlo Marino schreibt in seiner *Storia della Mafia*, dass es in Italien eine verborgene Republik gegeben habe, die ein Schattenregiment führte. Sie habe mit Instrumenten wie der Korruption, der Mafia, der Freimaurerei und der Geheimdienste auf die offizielle Republik reagiert, «eine mysteriöse, kriminelle Republik, die einer Republik mit demokratischer Erfahrung entgegengesetzt war, ein doppeltes Italien oder besser ein doppelter Staat».

21. Filmgeschichte (1949): *Stromboli* und *Vulcano*

Am 16. August 1946, im selben Jahr, in dem Sizilien autonome Region der Republik Italien wurde und Salvatore Giuliano «die jungen Sizilianer zum bewaffneten Aufstand» aufrief, bestiegen vier junge Sizilianer im Hafen von Milazzo eine Fähre, die sie nach Lipari bringen sollte. Das Ziel der Reise waren die Äolischen Inseln vor der Nordostküste Siziliens, die 1946 mit Ausnahme der Insel Salina noch ohne Strom und fließendes Wasser waren. Einer der vier jungen Burschen war Fürst Francesco Alliata di Villafranca, Nachgeborener der Alliata, Familie sizilianischen Uradels, in deren Besitz sich heute noch die Villa Valguarnera in Bagheria befindet. Der zweite der Gruppe hieß Renzo Avanzo, der Cousin des italienischen Regisseurs Roberto Rossellini. Avanzo hatte zusammen mit Federico Fellini in Rossellinis Film *Paisà*, der im September 1946 uraufgeführt wurde, die Regieassistenz inne. Alliata war bei der äolischen Expedition nach seinen eigenen Worten der «photokinematographische Techniker, der den Krieg inmitten der Bomben mit der Filmkamera in der Hand erlebt hatte». Die anderen beiden waren Quintino di Napoli und Pietro Moncada, der erste ein Taucher aus Palermo, der zweite ein Kavallerist mit Beziehungen zur Marine. Ein Jahr später stieß Fosco Maraini als Fotograf dazu. Ausgerüstet mit einer Arriflex-35 mm-Filmkamera und einer Rolleiflex-6x6-Fotokamera drehten sie den Dokumentarfilm *Cacciatori sottomarini* (Unterwasserjäger), der zusammen mit Cousteaus *Le monde du silence* (Die Welt des Schweigens) zu den ersten Unterwasserfilmen der Kinogeschichte zählt. Die Gruppe gründete noch 1946 die Produktionsfirma «Panaria Film», die sieben

Spielfilme und zwanzig Dokumentarfilme produzierte, unter anderem 1952 den ersten europäischen Farbfilm *La carrozza d'oro* (Die goldene Karosse) von Jean Renoir, in dem die inzwischen weltbekannte italienische Schauspielerin Anna Magnani die Hauptrolle spielte.

Roberto Rossellini hatte schon die erste Episode von *Paisà* auf Sizilien gedreht und suchte 1949 nach einer Kulisse, die dokumentarische Nüchternheit mit inszenierter Dramatik verband. Aus dieser Kombination bestand die Idee des Neorealismus. Der französische Kritiker André Bazin definierte in seiner «Verteidigung Rossellinis» den Begriff so: «Der Neo-Realismus verweigert sich per definitionem der Analyse von Personen, sei diese Analyse politisch, moralisch, psychologisch, logisch, sozial oder was immer Sie wollen. Er betrachtet die Realität als einen Block, als Gesamtheit, sicher nicht unverständlich, aber untrennbar.» Rossellini ließ sich von den Aufnahmen Alliatas und Marainis inspirieren, einen Film auf der nördlich von Sizilien gelegenen äolischen Vulkaninsel Stromboli zu drehen, dem er den Titel *Stromboli terra di Dio* gab. Bei der Besetzung der Hauptrolle zog er die schwedische Schauspielerin Ingrid Bergmann seiner langjährigen Lebensgefährtin Anna Magnani vor, die bereits in *Roma città aperta* (Rom, offene Stadt) erfolgreich die Hauptrolle gespielt hatte. Der Bruch in der Zusammenarbeit zwischen Rossellini und Magnani ging in die Filmgeschichte ein. Was Rossellini zu vermeiden suchte, nämlich ein Seelenportrait seiner Protagonistin zu zeichnen und damit eine lebende Heldin zu erschaffen, das gelang seinem deutschen Kontrahenten Wilhelm Dieterle.

Dieterle hatte sich von Hollywood aus ebenfalls auf die Äolischen Inseln begeben, um im Auftrag von Alliatas «Panaria Film» seiner Protagonistin Anna Magnani die Kulisse für ein Melodram zu bieten, die der Rossellinis sehr ähnlich war: die Insel Vulcano. So kam es 1949 zu einem filmgeschichtlichen Wettstreit, einem «Krieg der Vulkane», zwischen Stromboli und Vulcano, die in Sichtweite einander gegenüberlagen und die gegensätzlichen Charaktere der beiden Filmdiven verkörperten. Während in Dieterles Film *Vulcano* die Geschichte der Ex-Prostituierten Maddalena Natoli (Anna Magnani) erzählt wird, die auf der Suche nach ihrer Schwester ist, um sie aus den Fängen eines vermeintlichen Zuhälters zu retten, erzählt Rossellinis Film die Geschichte der in einem italienischen Flüchtlingslager internierten Karin Bjorsen (Ingrid Bergmann), die sich mit einem Fischer aus Stromboli verheiratet, um die Freiheit zu erlangen. Der Begriff der Freiheit wird in der sozialen Enge der Insel und der ungeheuren Weite des sie umgebenden Meeres zum Paradox und damit auch zum Sinnbild Siziliens.

Sizilien und die Äolischen Inseln wurden nach dem Zweiten Weltkrieg nicht zuletzt dank des Kinos wiederentdeckt. Rossellinis Vulkanbilder und Dieterles Unterwasserlandschaften hatten einen Sogeffekt, der lange anhielt und den Tourismus auf Sizilien stimulierte. Die Bergbauern und Fischer, die nach den Emigrationswellen des 19. und 20. Jahrhunderts (mehr als die Hälfte der Bevölkerung, vor allem die Jugend, wanderte nach Australien und Amerika aus) und den Wiederbesiedlungaktionen Mussolinis mit politischen Verbannten übrig geblieben waren, wurden nun mit immer neuen, immer schneller an- und abreisenden Fremden vom italienischen Festland und aus ganz Europa konfrontiert. Die Einheimischen verstanden die Fremden nicht und konnten deren Namen nicht aussprechen. Der Kontakt mit Fremden bedeutete – das ist einer der vielen Widersprüche Siziliens – zwar eine rasche Verbesserung des Lebensstandards, zog aber keinen steigenden Bildungsstandard nach sich. Das soziale Leben besonders auf den kleinen Trabanteninseln ist im 21. Jahrhundert von einem Anspruchsdenken geprägt, das täglich im italienischen Fernsehen vermittelt wird. Dadurch sind Bemühungen zur Erhaltung der kulturellen Identität Siziliens, der Wiederbelebung des traditionellen Handwerks und Ackerbaus ebenso gefährdet wie Projekte zur Erhaltung des reichen sizilianischen Wortschatzes. Gemessen daran, dass Italien zu den führenden Industrienationen gehört, ist diese Entwicklung einzigartig.

22. Von Salvatore G. bis Silvio B. – 2. Akt: Die Mafia

Als im Frühjahr 2009 in Neapel noch die Reste der Müllberge weggeschafft wurden, die zum Sturz der Mitte-Links-Regierung des ehemaligen EU-Kommissionspräsidenten Romano Prodi geführt hatten, alarmierten die Medien den Sizilienreisenden mit der Nachricht, dass sich nun auch in Palermo die Müllberge türmten. Spätestens seit den Enthüllungen Roberto Savianos über die Müllmafia in Kampanien (*Gomorrha – Reise in das Reich der Camorra*) sind die Urheber der Affäre und ihre Verflechtungen mit der Politik bekannt. Bemerkenswert ist, dass eine ähnliche Aktion in Palermo nur schwache Resonanz fand, keine «Müllrevolte» wie in Neapel und noch weniger eine Regierungskrise auslöste. Das hatte zwei Gründe: Erstens verfügten zu diesem Zeitpunkt die *Freiheitspartei* Silvio Berlusconis, der *Partito della Libertà* (PDL), und ihre kleineren Koalitionspartner über alle Sitze im Regionalparlament Siziliens, und zweitens besitzt die sizilianische Mafia seit jeher eine ganz andere Struktur als die Camorra in Neapel.

Das organisierte Verbrechen in Italien trägt verschiedene Namen, die auch auf bestimmte Regionen im Land hinweisen: In Sizilien spricht man von *Mafia* oder *Cosa Nostra* (wörtl. «Unsere Sache»), in Anlehnung an die gleichnamige Organisation in den USA), während man im benachbarten Kalabrien von *'Ndrangheta*, in Neapel und Kampanien von *Camorra* und in Apulien von *Sacra Corona Unita* spricht. Die neapolitanische Camorra ist traditionell ein städtisches Phänomen. Erst in letzter Zeit zog sie ihre Kreise auch auf dem Land, auf der Suche nach neuen «Endlagern» für den Giftmüll. Die Cosa Nostra hingegen, die diesen Namen seit etwa 1943, seit der Vernetzung mit der gleichnamigen amerikanischen Organisation, führt, ist ursprünglich ein ländliches Phänomen, das seit dem 19. Jahrhundert in den kleinen Feudalstädtchen rund um die Provinzhauptstädte Siziliens ihren Nährboden gefunden hat. Vor allem die kalabrische 'Ndrangheta gilt heute vielen als Erfolgsmodell für das organisierte Verbrechen, weil sie nicht hierarchisch pyramidal, sondern blockweise nebeneinander in Familienverbänden organisiert ist. Ähnliches gilt auch für die Camorra. Im Gegensatz zur Cosa Nostra verfügt jeder kalabrische und neapolitanische Clanchef über eigene Entscheidungskompetenzen. Er lässt sich von anderen Clanchefs beraten, nimmt aber von ihnen keine Befehle entgegen. In Sizilien hingegen wird eine übergeordnete Kommission aus Mafiabossen und Politikern eingesetzt, die auf höchster Ebene Beschlüsse fasst.

Als 1983 der «Boss zweier Welten» Tommaso Buscetta in Brasilien festgenommen wurde, konnten die Ermittler erstmals Einblick in die Strukturen der Cosa Nostra gewinnen. Der Staatsanwalt Giovanni Falcone, der knapp zehn Jahre später ermordet wurde, führte damals die Verhandlungen mit Buscetta. Letztendlich ist sein Erfolg darauf zurückzuführen, dass er dieselbe «Sprache» wie Buscetta sprach. Als gebürtiger Sizilianer kannte er die Art der «gegensätzlichen Rede», die das Gegenteil von dem ausspricht, was sie eigentlich meint. Dazu gehören Zeremonialformeln, die Nichtsizilianern wie Relikte aus einer fernen, mindestens arabischen Urzeit vorkommen, oder lange rhetorische Satzpausen, «Rückzugsorte» des Schweigens, dazu das Zungenschnalzen und eine spezifische Gestik und Mimik.

Buscetta beschrieb den Aufbau der Cosa Nostra folgendermaßen: Das Grundmodul der Organisation ist die «Familie», deren Mitglieder nicht zwingend verwandt sein müssen. In ihr gelten aber dieselben Werte wie in einer durch Blutsverwandtschaft verbundenen Familie. Die Struktur ist streng patriarchalisch. Sie folgt den von oben festgelegten Regeln, Traditionen und Disziplinarmaßnahmen. In dem Verhaltenskodex stehen die Ehre und der Respekt gegenüber den «Familienältesten» an erster Stelle. Aber auch persönliche Anliegen der «Familienangehörigen» wie die Treue gegenüber dem Ehepartner und den Verwandten gehören zum Verhaltenskodex. Dieser Codex wird von oben kontrolliert. Durchschnittlich besteht ein Familienverband aus fünfzig Mitgliedern. Abhängig von dem Territorium, das er kontrolliert, kann er bis zu dreihundert Mitglieder umfassen. An der Spitze der Familie steht das Oberhaupt, der *Capo*, der alle Entscheidungen trifft. Die anderen Mitglieder der Familie, die *Uomini d'onore*, «Ehrenmänner» oder «Soldaten», sind den Beschlüssen des *Capofamiglia* bedingungslos unterworfen. Allerdings – und das ist für das Gruppenverständnis der Organisation grundlegend – wählen die Soldaten den Capo aus ihrer Mitte. Er ist nun ihr *Padrino*, ihr «Pate». Dieser kann sich aus den Reihen seiner Familie Berater heranziehen, die in der Hierarchie weit oben rangieren. Wie in einer Heereseinheit werden die Soldaten zu Gruppen von zehn Leuten zusammengefasst. Jede Zehnergruppe wird von einem *Capo decina* befehligt, der wiederum seine Anweisungen von oben erhält. Die Familie heißt wie auch ihr Oberhaupt *Mandamento*. Benachbarte *Mandamenti* wählen einen gemeinsamen *Capomandamento*, einen «Bezirkschef». Dieser wird von den *Mandamenti* als Vertreter in die «Kommission» entsandt, die die Interessen in der jeweiligen Provinz regelt, Streitigkeiten zwischen einzelnen Familien beilegt und deren Geschäfte koordiniert. Aus den Provinzkommissionen wird jeweils ein Mitglied in eine übergreifende regionale Kommission entsandt. Diese Kommission funktioniert wie ein Regierungsparlament. Es trägt den anschaulichen Namen *Cupola*. Diese «(Himmels-)Kuppel» der Cosa Nostra ist das Regierungsorgan der Organisation. Es besitzt gesetzgebende Funktion und weist die Exekutive an, die Gesetze umzusetzen. Die von der Regionalkommission gefassten Beschlüsse sind für alle *Mandamenti* Siziliens verbindlich. Es wird geschätzt, dass mindestens fünftausend Soldaten für die Cosa Nostra auf Sizilien tätig sind. Mit 25 708 Quadratmetern ist Sizilien flächenmäßig die größte Region Italiens, in der rund fünf Millionen Menschen leben. So steht hinter tausend Sizilianern ein Soldat der Mafia.

Am Morgen des 11. April 2006 wurde Bernardo Provenzano (genannt «der Traktor») verhaftet, der Boss aller Bosse der *Cupola*. Nachdem es ihm in den achtziger Jahren gelungen war, die Organisation vor einem erneuten internen Krieg zu bewahren, begann er, die Führungsebenen der Cosa Nostra in ein anonymes System in sich hermetisch geschlossener Kreise umzustrukturieren. Entscheidend war, dass ein Gebietsleiter den anderen namentlich nicht kannte und über dessen Verantwortungsbereich nichts wusste. Innerhalb der Familien sollten die Soldaten nur den eigenen *Capofamiglia* kennen, aber nicht mehr wissen, wer der *Capofamiglia* des benachbarten *Mandamento* war. Seit Mitte der neunziger Jahre bestand die *Cupola* aus einem fünfköpfigen Direktorium älterer Männer, den Vertrauensleuten Provenzanos. Es gelang Provenzano, die berühmtberüchtigte «Pax mafiosa», den Burgfrieden der Mafia, auszurufen, um in Ruhe seinen Geschäften nachgehen zu können: dem Straßenbau in der Provinz Palermo und dem öffentlichen Gesundheitssystem mit dem Bau von Privatkliniken. Das lokale Kerngeschäft der sizilianischen Cosa Nostra blieb aber das der «Dienstleistung»: die Protektion von Geschäftsleuten und Unternehmern, für die die Betreffenden dem *Capomandamento* ihres Viertels ein Schutzgeld, den *pizzo* zahlen müssen. Dazu kam der private «Werkschutz» auf Baustellen mit der Anstellung von Wachpersonal, der Überwachung des Baumaterials und gegebenenfalls der Wiederbeschaffung desselben im Falle eines Diebstahls. Von dieser Basis aus konnte auch die öffentliche Vergabe von Bauaufträgen überwacht und manipuliert werden.

Mit diesen Geschäften war die Mafia seit den sechziger Jahren zu einem Weltkonzern aufgestiegen. Der aus dem Corleone-Clan stammende Killer Luciano Liggio hatte das ISEP, ein Kreditinstitut, gegründet, in dem er die Einnahmen aus dem aufblühenden Drogengeschäft wusch. Der Autonomiestatus Siziliens erlaubte die Gründung von Banken ohne Genehmigung durch die italienische Nationalbank.

Der sogenannte erste Mafiakrieg in Sizilien entzündete sich zu Beginn der sechziger Jahre am Aufbau des Drogenhandels. Die internationalen Geschäfte der Cosa Nostra erstreckten sich in der Folge auf die Produktion und den Vertrieb von Heroin und auf den Handel mit Waffen und Menschen. Nicht zuletzt ist sie wesentlich an dem Geschäft mit Flüchtlingen aus der Dritten

Welt beteiligt. Die erwirtschafteten Gelder werden heute auf den internationalen Finanzmärkten gewaschen. In den letzten Jahren investierte die sizilianische Mafia auch in Immobilienprojekte in Amerika, Europa und den arabischen Ländern – von der französischen Riviera bis Dubai. Es wird wohl nie eine Geschäftsbilanz der Mafia geben, aus der hervorgeht, wie viel Vermögen sie während der Finanzkrise von 2008 und 2009 verloren hat.

Giovanni Falcone hat immer wieder darauf hingewiesen, dass die Cosa Nostra keine parteipolitischen Interessen habe. Er stützte sich dabei auf den vergeblichen Versuch ranghoher Politiker Roms, während der Entführung des christdemokratischen Parteichefs Aldo Moro durch die Roten Brigaden 1978 die sizilianische Cosa Nostra als Vermittler einzuschalten. Dennoch hat die Mafia seit den ersten Nachkriegsjahren nachweislich immer wieder den Kontakt zu Politikern gesucht, die der *Democrazia Cristiana* angehörten. Das hängt erstens damit zusammen, dass die DC die erklärte Wirtschaftspartei war, aber auch, dass Sizilien auf regionaler Ebene seit 1948 immer von Mitte-Rechts-Parteien regiert wurde. Ende der siebziger Jahre führte eine neue Steuergesetzgebung dazu, dass in Sizilien die Steuerbescheide im Auftrag der Gemeinden durch Privatunternehmen verschickt wurden. Die Unternehmen erhielten dafür eine Provision von bis zu zehn Prozent vom Staat. Mit Hilfe einer korrupten, von der DC gesteuerten Verwaltung gelang es der Mafia, sich das Monopol der Steuereintreibung in Sizilien zu sichern. Nach der Ermordung des christdemokratischen Präsidenten der Region Sizilien, Piersanti Mattarella, 1980 geriet das traditionelle Netzwerk zwischen Rom und Palermo aus dem Ruder. Was zuerst den Roten Brigaden angelastet wurde, entpuppte sich – nach den Aussagen Buscettas – als politischer Mord der Cosa Nostra. Es stellte sich später heraus, dass eine der lebenden Legenden der italienischen Nachkriegspolitik, der Christdemokrat Giulio Andreotti, von dem Mordkomplott gegen Mattarella gewusst und sich deshalb mit Bossen der Cosa Nostra getroffen hatte. Andreotti, der insgesamt sieben Mal Ministerpräsident Italiens war, wurde im Mordprozess seines

Parteifreundes und Bauspekulanten Salvo Lima der direkten Kontakte mit Mitgliedern der Cosa Nostra überführt.

Die *Cupola* begab sich auf die Suche nach neuen politischen Kontakten in Rom. 1987 erfolgte die Direktive an die Organisation: Von nun an sollte die *Sozialistische Partei Italiens* (PSI) gewählt werden, deren Parteivorsitzender der Berlusconi-Freund Bettino Craxi war. Schon ein Jahr später wurde der ehemalige PSI-Parteisekretär der Provinz Palermo wegen mafioser Geschäfte verhaftet. Als Craxi zum Ministerpräsidenten gewählt wurde, erhielt sein Stellvertreter Claudio Martelli den Posten des Justizministers. Es ist immer noch ein Rätsel, warum Martelli ausgerechnet den Todfeind der Mafia, den Staatsanwalt Giovanni Falcone, in sein Ministerium holte. Sollte er wirklich eine Operationsbasis für seinen Kampf gegen das organisierte Verbrechen erhalten oder sollte er fernab Palermos neutralisiert werden? Sechs Wochen später, im Frühsommer 1992, wurde Giovanni Falcone, wie sein Kollege und Freund Paolo Borsellino sechs Wochen später, in Palermo von Bomben zerfetzt.

Rom war kein verlässlicher Partner mehr für die Cosa Nostra. So gründete man eine neue, eigene politische Partei, die nach dem Muster der *Lega Nord* von Umberto Bossi als separatistische Bewegung des Südens verstanden wurde. Sie erhielt den Namen *Sicilia Libera* («Freies Sizilien») und wurde zum Sammelbecken für Liberale und Republikaner, für abtrünnige Christdemokraten, Monarchisten, ehemalige Anhänger der neofaschistischen Sozialbewegung MSI und einige Ex-Kommunisten. Die gegensätzlichen Kräfte, die die Partei in sich zu vereinen suchte, offenbarte den fragilen Zustand, in dem sich auch die Cosa Nostra befand. Nach den Morden an Falcone und Borsellino hatte sie erdrutschartig an Rückhalt in der sizilianischen Bevölkerung verloren. Die beiden Staatsanwälte waren bereits zu Lebzeiten Legenden. Legenden aber dürfen in Sizilien von niemandem, auch nicht von der Cosa Nostra angetastet werden.

Die Partei *Sicilia Libera* zerbrach an mangelndem Konsens und nicht, weil die Cosa Nostra ihre Strategie änderte. So existiert seit 2005 eine neue separatistische Partei, die auf dem Vormarsch ist. Sie nennt sich *Movimento Politico Autonomista* (MPA) und stellt mit ihrem Gründer und Ex-Christdemokraten Raffaele Lombardo den Regionalpräsidenten in Sizilien. Wie nach dem Zusammenbruch des Faschismus wählte die «Ehrenwerte Gesellschaft» den Weg des Separatismus. Sie passte sich geschmeidig der neuen Situation an, die der Imageverlust durch die Morde an Falcone und Borsellino 1992 mit sich gebracht hatte. Sie berief sich auf ein uraltes Handlungsmuster ihres Stammlandes Sizilien, das auf territoriale und mentale Identität abzielte.

Es ist ein Phänomen, dass sich die Mafia von innen heraus regenerieren kann. Das gelingt ihr immer dann, wenn sie von außen stimuliert wird, eine Sackgasse zu verlassen, in die sie sich (sehr sizilianisch!) selbst hineinmanövriert hat. Ein starker Impuls sind offenbar parallele Organisationen im Inland und im Ausland, gegen die sich die Cosa Nostra abgrenzen muss. Die russische oder chinesische Mafia besitzt ihre jeweils eigene Geschichte, ihre eigene «Sprache» und Verhaltens-Kultur. Immer geht es der Cosa Nostra darum, ihr «Image» zu wahren, das sie – wie schon in den vierziger Jahren bei Giuliano – über die Medien verbreitet.

Mit der Zunahme kommerzieller Fernsehsender ist die Medienpräsenz der Cosa Nostra garantiert. Neben den drei öffentlich-rechtlichen Fernsehsendern und einer Handvoll kleinerer, regionaler Sender gibt es in Italien drei Fernsehsender, die italienweit ausstrahlen: *Italia 1*, *Rete* 4 und *Canale* 5. Sie gehören zur Mediengruppe *Mediaset* des italienischen Dauerministerpräsidenten (drei Mal in vierzehn Jahren) Silvio Berlusconi. Am 31. August 2009 erreichte die abendliche Nachrichtensendung von *Canale 5* (*Tg 5*) 27,4 Prozent oder 5,034 Millionen Zuschauer. Statistisch entspricht der Zuschaueranteil des privaten Fernsehsenders Berlusconis der Bevölkerungszahl Siziliens. Wie hängt seine Medienkontrolle mit der Cosa Nostra zusammen?

Die Freundschaft zwischen dem Mailänder Silvio Berlusconi und dem Sizilianer Marcello Dell'Utri wäre nicht in die Geschichte eingegangen, wenn sie nicht in den 2500 Seiten starken Ermittlungsakten der Staatsanwaltschaft von Palermo dokumentiert wäre. In dem Interview, das Paolo Borsellino zwanzig Stunden vor seiner Ermordung 1992 gab, legte er die Verbindungen des Mafiabosses Vittorio Mangano mit Dell'Utri und Berlusconi dar. Mangano war *Capofamiglia* in Palermo und wurde in den siebziger Jahren von Dell'Utri als Mittelsmann der Cosa Nostra (offiziell als «Stallmeister») auf Berlusconis Landgut in Arcore bei Mailand vermittelt. Berlusconi traf in Mailand mit dem sizilianischen Drogenkönig Stefano Bontate zusammen. Nach Aussage mehrerer *Pentiti* («Reumütiger») der Cosa Nostra investierte Bontate zwischen 1975 und 1983 mehrere hundert Millionen Euro Drogengelder in Berlusconis Unternehmensgruppe Fininvest und erwarb damit Anteile an Mediaset. Es gelang Berlusconi, auch die italienischen Druckmedien, darunter Verlagsgruppen wie Mondadori, seinem Wirtschaftsimperium einzuverleiben und zunehmend der staatlichen Kontrolle zu entziehen. In der von der Cosa Nostra finanzierten Monopolisierung der Medien liegt eine der größten Gefahren für die italienische Demokratie. Die Fäden werden seit den siebziger Jahren nicht mehr nur in Palermo, sondern auch in Mailand, Rom und New York gezogen.

1996 begann der Prozess gegen Marcello Dell'Utri, Mitbegründer von Berlusconis neuer Partei *Forza Italia*, Senator, Europaparlamentarier und – Sizilianer. Im Dezember 2004 erging die rechtskräftige Verurteilung des Angeklagten zu neun Jahren Haft – aber nur in erster Instanz. Der Richterspruch ließ über die Verbindung Dell'Utris mit Berlusconis Fininvest keinen Zweifel: «Der Angeklagte hat die Interessen der Mafia in einem der größten Konzerne des Landes vertreten; von den siebziger Jahren bis in unsere Tage stand er den Mafiosi zur Verfügung und leistete einen mehr als beträchtlichen Beitrag zur Festigung und zur Stärkung der Cosa Nostra. Er hat [sie] begünstigt und ist begünstigt worden.» Nach italienischem Recht ist Dell'Utri bis zur endgültigen Verurteilung in dritter Instanz ein freier Mann. In dem Urteil wurde ihm von den Richtern auf Lebenszeit untersagt, ein öffentliches Amt zu bekleiden. Dessen ungeachtet kandidierte Dell'Utri bei den Parlamentswahlen 2008 erfolgreich als Kandidat der *Forza Italia* für einen Sitz im Senat.

Inzwischen beginnt die Justizreform der Regierung Berlusconi zu greifen. So schaffte sie unter anderem die Isolationshaft für Mafiosi ab, die die Kommunikationskanäle zur Außenwelt schmerzhaft unterbrochen hatte. Hochsicherheitsgefängnisse wurden geschlossen, darunter zwei auf den italienischen Mittelmeerinseln Asinara und Pianosa. Die Inseln wurden jüngst zu Naturreservaten für seltene Tiere erklärt. Aber auch die Cosa Nostra hat Wort gehalten, indem sie nach Aussage mehrerer *Pentiti* Wahlempfehlungen für Berlusconis *Forza Italia* (heute PDL) und die christdemokratische Nachfolgepartei UDC ausgegeben hat. So wurde die Parlamentswahl 2001 in Sizilien ein erinnerungswürdiges Ereignis: Zum ersten Mal seit dem legendären Volksentscheid von 1860 – der mit einem «Wunder», dem hundertprozentigen *Si* für den Anschluss an das Königreich Piemont geendet hatte – konnte der Kandidat Berlusconis in allen 61 Direktwahlkreisen Siziliens die Mehrheit der Stimmen auf sich vereinen.

Die Mafia ist ein kulturgeschichtliches Phänomen. Sie *provoziert* Kultur, eine Verhaltens-Kultur, die immer dann zu Tage tritt, wenn ein Einzelner oder die Organisation von innen heraus unter Druck gerät. Aus ihrer emotionalen Bindung an Traditionen und Legenden, die sie meist selbst erfunden hat, und aus der Ritualisierung von Ehre, Respekt, Blut und Boden schöpft die Cosa Nostra ihre Kraft. Wenn sie in Bedrängnis ihre Traditionen und Rituale auslebt, tritt sie aus der Anonymität heraus und zeigt selbstverliebt ihr Profil. In diesen Momenten entlarvt sie sich selbst. In diesen Momenten ist sie verwundbar.

Epilog: Das Tor von Lampedusa

Am 28. Juni 2008 wurde an einem felsigen Küstenstreifen der Mittelmeerinsel Lampedusa eine monumentale Skulptur des Künstlers Mimmo Paladino eingeweiht. Lampedusa ist Teil der sizilianischen Provinz Agrigent, von deren Küste sie 205 Kilo-

Mimmo Paladino, Porta di Lampedusa – Porta d'Europa, 2008

meter trennen. Die Insel liegt 150 Kilometer von der maltesischen und 113 Kilometer von der tunesischen Küste entfernt. Paladino ließ die Skulptur frontal auf das Meer ausrichten: an der Punta Maluk, dem südlichsten Punkt der Insel, der der afrikanischen Küste am nächsten liegt. Die Skulptur ist eine fünf Meter hohe und drei Meter breite Wand, die am Fuß eine rechteckige Öffnung besitzt. Palladino montierte über einem Stahlskelett 50 Zentimeter breite, quadratische Fayenceplatten. Vor dem Brennen formte er auf die Trägerplatten Gegenstände, Zeichen und Zahlen aus keramischer Masse. Auf der dem Meer zugewandten Seite der Wand befindet sich ein quadratischer Spiegel, der das einfallende Sonnenlicht reflektiert: die Illusion eines Fensters. Nähert man sich der Skulptur vom Land aus, wird deutlich, dass es sich um ein Tor mit Durchgang handelt. Die aufmontierten Reliefplatten erinnern an den Schmuck antiker Triumphtore. Erst bei näherer Betrachtung erkennt der Besucher, dass die Reliefs Schuhe, zerbrochene Essschälchen, Löffel und Alltagsgegenstände darstellen – *objets trouvés*, Massenware, namenlos wie die unendliche Zahlenreihe über dem Eingang des Tors. Die Fischer der Insel finden seit über zwanzig Jahren in ihren Netzen Alltagsgegenstände, die aus Ländern Zentralafrikas stammen.

Palladino nannte die Skulptur *Porta di Lampedusa – Porta d'Europa*. Das Tor sollte ein Mahnmal für die namenlosen Opfer illegaler Einwanderung und Flucht über das Mittelmeer nach Europa sein, ein Denkmal für den unbekannten Migranten. Am 7. Juni 2008 – drei Wochen vor der Enthüllung des Mahnmals – ertranken vor der Küste Lampedusas 140 Afrikaner, die bis al-Zuwarah an der Grenze zwischen Tunesien und Libyen geschleust worden waren. Die offizielle Zahl der zwischen 1988 und 2008 vor Sizilien Ertrunkenen beträgt 2793, von denen 1749 verschollen sind. Die italienische Sprecherin des Flüchtlingskommissariats der UNO sagte vor der Einweihung des Mahnmals auf Lampedusa: «Das Mittelmeer ist unsere neue humanitäre Grenze, über die der einzige Weg zu politischem Asyl führt. 65 Prozent der Immigranten, die nach Lampedusa gelangen, finden in Italien Asyl.»

Was geschieht mit den übrigen 35 Prozent der Asylsuchenden? Am 1. Juli 2009 wurde ein Schlauchboot mit 74 afrikanische Flüchtlingen aus dem Bürgerkriegsgebiet von Eritrea zwischen Malta und Sizilien von der italienischen Küstenwache gezwungen, in Richtung libyscher Küste umzukehren, wo mit italienischer Hilfe Internierungslager gebaut werden. Das sieht ein im März 2009 von Ministerpräsident Berlusconi und Revolutionsführer Gaddafi unterzeichneter «Freundschafts- und Kooperationsvertrag» zwischen Italien und Libyen vor. Auf eine Anfrage der EU-Flüchtlingskommission in Brüssel bezüglich der Abschiebung von Flüchtlingen vor der Küste Siziliens drohte

Berlusconi, fortan Entscheidungsgremien der Europäischen Union zu blockieren.

Berlusconis Regierung unterschätzt die Bedeutung dieses humanitären Problems für Europa. Ein Hinweis darauf ist der Prozess um das Flüchtlingsschiff «Cap Anamur», der im Oktober 2009 vor einem Gericht im sizilianischen Agrigent mit einem umfassenden Freispruch der drei Angeklagten zu Ende ging. Man hatte ihnen Beihilfe zur illegalen Einwanderung «in bandenmäßigem Stil» vorgeworfen, weil sie 2004 vor der italienischen Küste 37 Flüchtlinge aus Seenot gerettet und nach Sizilien gebracht hatten. Die Staatsanwaltschaft in Agrigent hatte für die Angeklagten je vier Jahre Haft und 400 000 Euro Strafe gefordert.

Im August 2009 veröffentlichte der ehemalige Erzbischof von Caserta, Raffaele Nogaro, ein Buch mit dem Titel *Ero straniero e mi avete accolto* (Ich war ein Fremder und ihr habt mich aufgenommen), in dem er – beschämt und empört – die diskriminierende Ausländerpolitik eines Berlusconi, Bossi und Lombardo anprangert: «Es ist nicht möglich, dass ein Mensch aus Prinzip verurteilt oder verfolgt wird, nur weil er auf der Suche nach einem hoffnungsvolleren Leben ist. Die Aufnahme darf ihm nie verweigert werden.»

Es bleibt zu hoffen, dass die Europäische Union im Sinne Nogaros die Initiative ergreift und handelt, bevor sich auch die *Porta di Lampedusa* schließt.

Ein Wesensmerkmal des Sizilianers, sagt Gesualdo Bufalino über seine Landsleute, sei das *occhio degli altri*, das Auge der Anderen. Der Sizilianer könne sich in sein Gegenüber hineinversetzen – um sich über dessen Handlungen klar zu werden, aber auch, um seine eigenen möglichen Handlungen aus dem Blickwinkel des Anderen zu überprufen. Vor lauter Zaudern vergesse er zu handeln. Das machten dann andere für ihn. So sei es in der Geschichte Siziliens immer gewesen.

Zeittafel

Griechen und Phönizier

um 750–580 v. Chr.	Griechische und phönizische Kolonisation
734 v. Chr.	Gründung von Syrakus durch Siedler aus Korinth
480 v. Chr.	Sieg der sizilischen Griechen über die Phönizier aus Karthago
466–405 v. Chr.	Demokratie in Athen
416–413 v. Chr.	Sizilische Expedition der Athener
405–367 v. Chr.	Dionysios I.
367–344 v. Chr.	Dionysios II.
344 – ca. 388 v. Chr.	Timoleon von Korinth
317–289 v. Chr.	Agathokles
260–215 v. Chr.	Hieron II. von Syrakus

Römer

264–241 v. Chr.	Erster Punischer Krieg
254 v. Chr.	Palermo fällt an die Römer
218–201 v. Chr.	Zweiter Punischer Krieg
212 v. Chr.	Syrakus fällt an die Römer
149–146 v. Chr.	Dritter Punischer Krieg
73–71 v. Chr.	C. Verres ist Statthalter von Sizilien
44–36 v. Chr.	Sextus Pompeius in Sizilien
284–305	Römischer Kaiser Diokletian
293–305	Römische Tetrarchie mit zwei Augusti und zwei Caesaren
312	Sieg Konstantins des Großen über Maxentius an der Milvischen Brücke bei Rom
313	Toleranzedikt von Mailand; Konstantin erklärt die Christenverfolgung für beendet.

Wandalen und Ostgoten

468–476	Herrschaft der Wandalen in Sizilien
476–535	Herrschaft der Ostgoten

Byzantinisches Reich

535	Belisarios erobert Sizilien für Kaiser Justinian.
565	Tod Kaiser Justinians von Byzanz
590–604	Papst Gregor der Große

660–665 Kaiser Constans (gest. 668) verlegt die byzantinische Hauptstadt von Konstantinopel nach Syrakus.

787 Konzil von Nikaia. Kaiserin Irene hebt das Bilderverbot (Ikonoklasmus) auf.

Islamische Zeit

827 Beginn der muslimischen Landnahme Siziliens

831 Palermo wird Hauptstadt des sizilianischen Emirats.

878 Syrakus fällt an die Muslime.

965 Einnahme der letzten byzantinischen Bastion bei Messina

1040 General Georg Maniakes versucht, Sizilien für Byzanz zurückzuerobern.

1068 Der fatimidische Kalif al-Mustansir lässt die Schatzkammern des Palastes öffnen. Plünderung der Bibliothek. Islamische Schatzkunst gelangt nach Sizilien.

749–1258 Großkalifat der Abbasiden

800–909 Herrschaft der Aghlabiden von Kairouan (Nordafrika)

909–1171 Herrschaft der Fatimiden (Nordafrika, Ägypten), Gründung eines schiitischen Gegenkalifats in Kairouan. Ab 969 ist Kairo (Fustat) die fatimidische Hauptstadt.

948–1053 Kalbiden (Sizilien); 1053 Absetzung des letzten Kalbiden

972–1148 Beni Ziri von Tunis

1056–1147 Herrschaft der Almoraviden (Spanien und Nordafrika)

1130–1269 Herrschaft der Almohaden (Spanien und Nordafrika)

Normannen

1053 Sieg der Normannen über Papst Leo IX. (gest. 1054)

1059 Belehnung Robert Guiscards (gest. 1054) mit Sizilien durch Papst Nikolaus II. im Konkordat von Melfi

1060–1091 Normannische Eroberungskämpfe in Sizilien unter den Brüdern Roger I. und Robert Guiscard

1072 Die Normannen nehmen Palermo ein.

1098 Papst Urban II. verleiht Graf Roger I. die Päpstliche Legation.

1130–1154 König Roger II. (1098–1154). Krönung Rogers II. durch den Gegenpapst Anaklet II.

1139 Sieg Rogers II. über Papst Innozenz II.

1154–1166 König Wilhelm I. (1120–1166)

1166–1189 König Wilhelm II. (1155–1189)

1186 Konstanze, Tochter König Rogers II., heiratet Heinrich VI., Sohn Friedrichs I. Barbarossa.

1189–1193 Dritter Kreuzzug. Zwischenlandung der Könige von Frankreich und England in Messina

1189–1194	Tancred von Lecce, illegitimer Enkel Rogers II., wird von Papst Clemens III. als König von Sizilien anerkannt.

Staufer

1194–1197	Kaiser Heinrich VI.
1198–1250	Friedrich II., seit 1198 König von Sizilien, 1215 Krönung zum deutschen König in Aachen, 1220 Kaiserkrönung in Rom
1250–1254	Konrad IV.
1258–1266	Manfred, stirbt in der Schlacht gegen Karl von Anjou.

Anjou

1266–1282	Karl I. von Anjou, König von Sizilien
1282	Sizilianische Vesper: Aufstand gegen die Franzosen

Aragon

1282–1516	Sizilien unter der Herrschaft des Hauses Aragon
1282–1285	Peter I.
1296–1337	Friedrich III., König eines unabhängigen Sizilien. Kampf gegen Neapel
1302	Frieden von Caltabellotta. Aussöhnung zwischen Franzosen (Anjou) und Spaniern (Aragon)
1392–1409	Martin I.
1412	Ferdinand I., König von Kastilien-Aragon und «von Gottes Gnaden König von Sizilien»
1415–1713	Sizilien wird von spanischen Vizekönigen regiert.
1416–1458	Alfons V.
1442–1458	Alfons V., «König beider Sizilien»
1479–1516	Ferdinand II.
1487	Einführung der spanischen Inquisition in Sizilien
1492	Edikt von Sizilien. Ausbürgerung der Juden

Habsburg (Spanien)

1516	Karl V. erbt (als Karl I.) den Thron Spaniens und Neapel-Siziliens.
1519–1556	Karl V., römisch-deutscher Kaiser
1556–1598	Philipp II.
1621–1665	Philipp IV.
1647	Revolte von Palermo
1665–1700	Karl II.
1669	Ein Ausbruch des Ätna zerstört Catania, über 100 000 Tote.
1674	Revolte von Messina
1693	Schweres Erdbeben im Südosten Siziliens

1700–1713	Mit Karl II. endet die direkte Linie der Habsburger in Spanien und Sizilien. Das Erbe der beiden Reiche fällt an den Enkel Ludwigs XIV., Philipp V. von Bourbon.

Savoyen

1713	Friede von Utrecht; Sizilien fällt an das Haus Savoyen.
1713–1720	Viktor Amadeus III.

Habsburg (Österreich)

1720	Friede von Den Haag: Savoyen tritt Sizilien im Tausch gegen Sardinien an Habsburg ab.
1720–1734	Karl VI.

Bourbonen (Spanien)

1734–1860	Sizilien und Neapel werden von den spanischen Bourbonen beherrscht.
1734–1759	Karl III.
1759–1825	Ferdinand III., König von Sizilien, als Ferdinand IV. König von Neapel; regiert ab 1816 als Ferdinand I. das «Königreich beider Sizilien».
1773	Aufstand von Palermo
1781–1786	Marquis von Caracciolo Vizekönig
1782	Abschaffung der Inquisition
1806–1815	Britische Besatzung in Sizilien. Unteritalien fällt unter napoleonische Regierung; der bourbonische Hof flüchtet nach Sizilien.
1820	Aufstand von Palermo
1825–1830	Franz I.
1830–1859	Ferdinand II.
1848–1849	Sizilianische Revolution
1859–1860	Franz II.
1860	Garibaldi erobert Sizilien.

Sizilien und Italien

1860, Oktober	Volksentscheid für den Anschluss an das Königreich Piemont-Sardinien
1861–1878	König Viktor Emanuel II.
1861	Massaker von Bronte
1866	Aufstand von Palermo
1878–1900	König Umberto I.
1880	Agrarkrise
1892–1894	Aufstände der Landbevölkerung werden von Ministerratspräsident Crispi blutig niedergeschlagen; der Bund der Fasci dei Lavoratori wird aufgelöst.

ab 1900	Aufgrund der Wirtschaftsmisere emigrieren bis 1915 1,5 Mio. Sizilianer nach Amerika und Australien.
1900–1946	Viktor Emanuel III.
1908	Schweres Erdbeben in Messina
1943	Bombardements und Landung der Alliierten, Messina und Palermo werden stark zerstört.
1946, Juni	Volksentscheid der Italiener für die Republik. Sizilien erhält Teilautonomie und ein eigenes Parlament mit Sitz in Palermo.
1950–1958	Landwirtschaftsreformen, Aufhebung der Latifundien.
1953	Entdeckung von Erdölvorkommen in Sizilien. Bau von Raffinerien bei Augusta, Gela und Milazzo.
1950er/1960er Jahre	Bauboom und Bauspekulation; Sacco di Palermo («Plünderung von Palermo»)
1968	Schweres Erdbeben im Westen Siziliens (Belice-Tal)
bis 1970er Jahre	Rund 1 Mio. Sizilianer wandern nach Norditalien, Deutschland und in die Schweiz aus.
1983	Festnahme des Mafiabosses Tommaso Buscetta
1985	«Frühling von Palermo» unter Bürgermeister Leoluca Orlando. Gründung der Antimafia-Partei La Rete
1986–1987	Maxiprozess von Palermo
1992	Verurteilung des ehemaligen Bürgermeisters von Palermo Vito Ciancimino wegen Zusammenarbeit mit der Mafia
18. März	Ermordung des ehemaligen Bürgermeisters von Palermo und EU-Abgeordneten Salvo Lima durch die Mafia
23. Mai	Bombenattentat auf Staatsanwalt G. Falcone
19. Juli	Bombenattentat auf Staatsanwalt P. Borsellino
1994	Gründung der Partei Forza Italia. Prozess gegen Giulio Andreotti. Berlusconi wird Ministerpräsident.
1996	Erweitertes Gesetz zur Enteignung von Mafia-Besitz
1997	Prozess von Caltanissetta: Mafiaboss Giovanni Brusca wird nur als Aussagender anerkannt.
2001	Bei den Parlamentswahlen gewinnt das rechtskonservative Wahlbündnis Casa delle Libertà; Berlusconi wird Ministerpräsident; in Sizilien wird der konservative Totò Cuffaro Regionalpräsident.
2005	Gründung des Movimento Politico Autonomista (MPA)
2006	Festnahme des Mafiabosses Bernardo Provenzano
2008	Berlusconi wird zum dritten Mal Ministerpräsident. Sizilianischer Regionalpräsident wird Raffaele Lombardo (MPA). Sein Vorgänger Totò Cuffaro wird wegen Begünstigung der Mafia in erster Instanz zu fünf Jahren Haft verurteilt und daraufhin in den Senat Italiens gewählt.
2009	Abschiebung von Flüchtlingen vor der Küste der sizilianischen Insel Lampedusa

Literaturhinweise

Abulafia, David: Friedrich II. von Hohenstaufen. Herrscher zwischen den Kulturen, München 1994
Braudel, Fernand: Modell Italien. 1450–1650, Stuttgart 1999
Bucaria, Nicolò/Michele Luzzati/Angela Tarantino (Hg.): Ebrei e Sicilia, Palermo 2002
Bufalino, Gesualdo/Zago Nunzio: Cento Sicilie, Mailand 2008
Bürgi, Katharina (Hg.): Sizilien und Palermo. Eine literarische Einladung, Berlin 2008
Consolo, Vincenzo: Das Lächeln des unbekannten Matrosen, Frankfurt a. M. 1984
Dickie, John: Cosa Nostra. Die Geschichte der Mafia, Frankfurt a. M. 2006
Dittelbach, Thomas: Rex Imago Christi – Der Dom von Monreale, Wiesbaden 2003
Dreher, Martin: Das antike Sizilien, München 2008
Fansa, Mamoun/Karen Ermete: Kaiser Friedrich II. (1194–1250). Welt und Kultur des Mittelmeerraums, Mainz 2008
Fernandez, Dominique: Süditalienische Reise, Frankfurt a. M. 1969
Finley, Moses I./Denis Mack Smith/Christopher Duggan: Geschichte Siziliens und der Sizilianer, München 1989
Halm, Heinz: Der Islam. Geschichte und Gegenwart, München [5]2004
Klüver, Henning: Der Pate – Letzter Akt. Die sizilianische Mafia, München 2007
Lodato, Saverio/Andrea Camilleri: La linea della palma, Mailand 2002
Maraini, Dacia: Bagheria. Eine Kindheit auf Sizilien, München 1994
Marino, Giuseppe Carlo: Storia della Mafia, Rom [2]2008
Pasqualino, Antonio: L'opera dei pupi, Palermo 2008([1]1977)
Reski, Petra: Mafia. Von Paten, Pizzerien und falschen Priestern, München 2008
Seipel, Wilfried (Hg.): Nobiles Officinae. Die königlichen Hofwerkstätten zu Palermo zur Zeit der Normannen und Staufer im 12. und 13. Jahrhundert, Wien 2004
Tuzet, Hélène: Viaggiatori stranieri in Sicilia nel XVIII secolo, Palermo [2]1995
Verga, Giovanni: Der letzte Tag. Erzählungen, München/Zürich 1987

Personenregister

Ebf. = Erzbischof; Gf. = Graf; Hz. = Herzog; Kg. = König; Pt. = Papst; Siz. = Sizilien